姿势决定健康

身体的正确使用图鉴

[日]木野村朱美/著
[日]中村知史/绘
李家祺/译

河北科学技术
·石家庄·

序章

为什么会感到疲劳？

你是否常常感到疲劳，很难恢复体力？

明明没做什么费力的事，每天过得和以前也没什么不同，却仍然感到疲惫。找不到原因，想必让你备感困扰吧。

压力大、生活习惯不规律都会使人疲劳。不过，也有可能是因为你“使用身体的方法”不对。

在日常生活中，人们很少会意识到自己的动作。没有人会在走路时想好要先挥动右手，再迈出右脚。这些动作都是在无意识的情况下进行的。也许很多人认

“观念”的枷锁束缚着身体！

为，自然地做动作是最轻松的，其实不然。正是这些无意识的动作使身体更容易疲劳。

特别是一些根深蒂固的观念，是造成疲劳的“元凶”。幼儿时期建立的对身体结构、动作、使用方法等不成熟的认识，到成年后也会一直影响我们。这些小时候就扎根在我们心中的观念会给身体造成许多负担，而自己往往难以察觉。

为什么会感到疲劳？在不知不觉中，这些“观念”给我们戴上了枷锁，使身体背负了沉重的担子。

你是这样认为的吗？

【关于**身体结构**的错误观念】

你是否认为“脊柱长在后背上”？

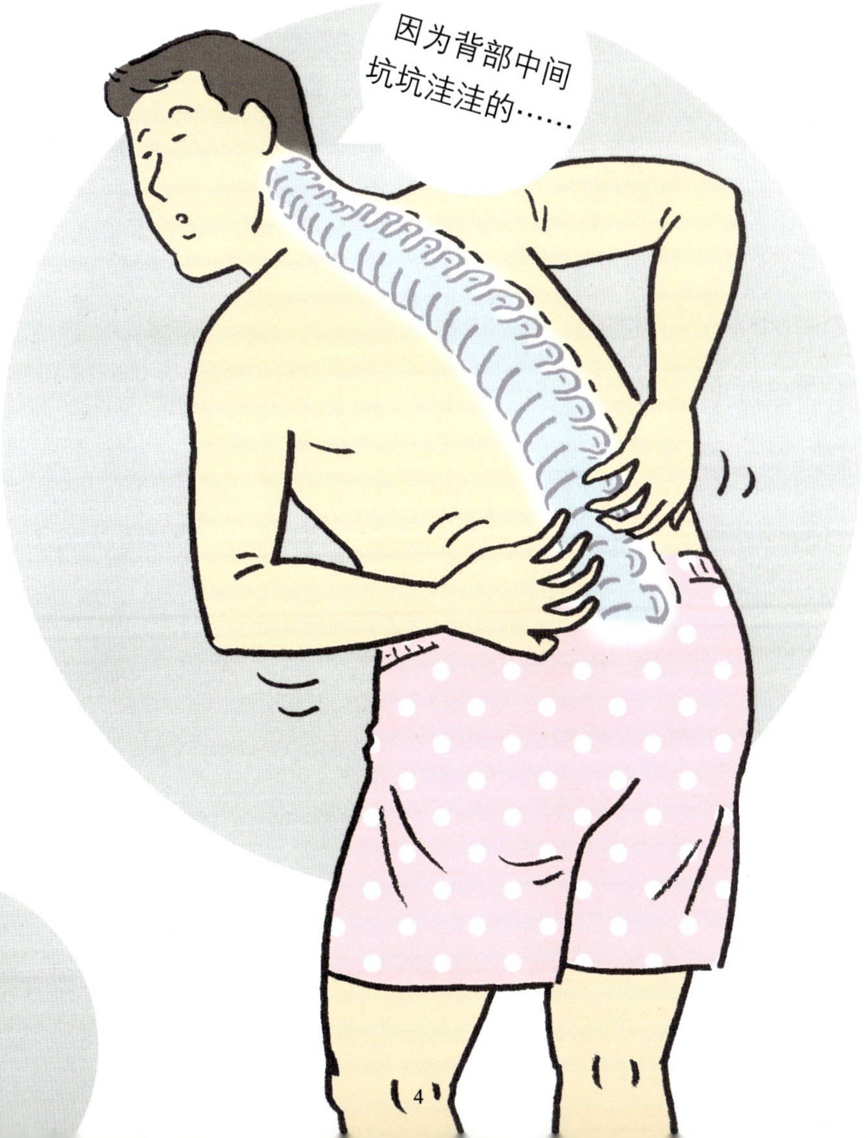

错了。
其实脊柱位于人体内部。

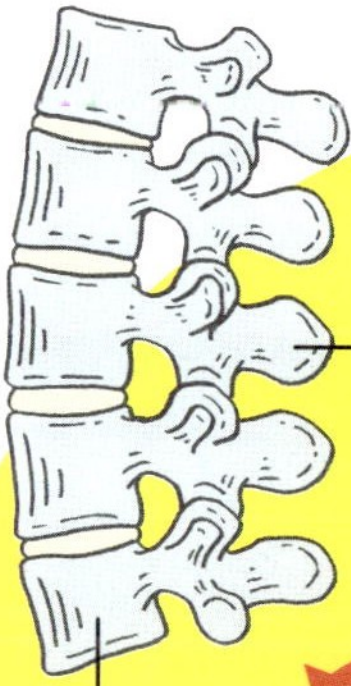

详见 P32

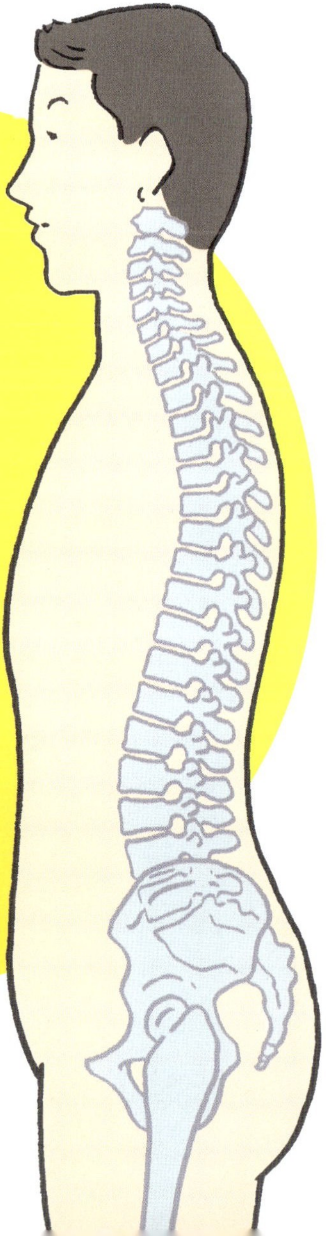

以为脊柱长在背部，
这种认知会**让背部肌肉更紧张**，光是站着，
就会**使人疲劳**！

你是这样认为的吗？

【关于**身体结构**的错误观念】

你是否认为“手臂的根部就是肩膀”？

错了。
这里其实是手臂与锁骨相连的地方。

把手臂的根部当成肩膀，这种想法会使本来能大幅活动的**肩胛骨和肩关节**变得僵硬，**肌肉更加紧张**。

详见
P32

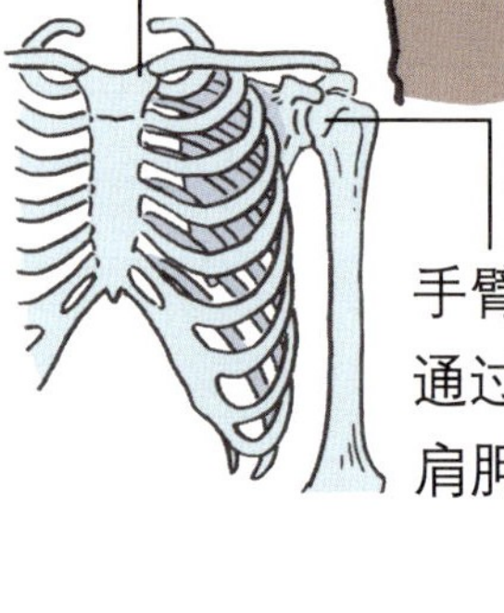

你是这样认为的吗？

【关于**身体结构**的错误观念】

你是否认为“起立时的运动方向是向上的”？

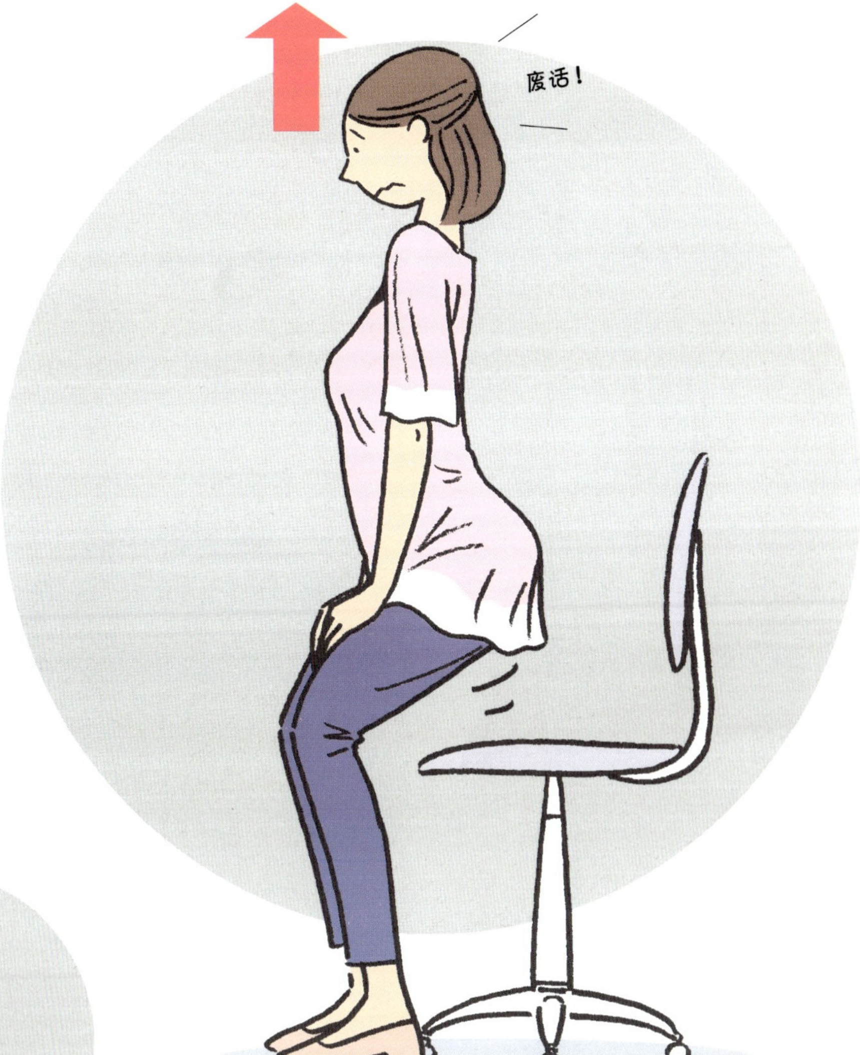

错了。
起立时的运动方向应该是向前的。

前 言　如果你常常感到容易疲劳，先别以为是上了年纪的缘故，好好了解一下正确使用自己身体的方法吧！

你是如何学会使用身体的呢？

从记事起，我们就在不知不觉间学会了各种“身体动作”。“坐”“站”“走”等常常是自然而然学会的，因此很难意识到在做这些动作时，是如何使用身体的。

实际上，大部分人并不清楚如何正确地使用身体。

在孩童时代，人们会通过周围的大人、玩具、图画书、电视影像来学习身体动作，并根据自身感觉进行调整。习惯一旦养成就很少改变，即使长大后，也一直处于不成熟的状态。

许多人随着年龄增长，都会越来越容易感到疲劳。他们往往把原因归咎于年龄，因而放弃寻找解决方案。但是，这真的全是因为年龄吗？其实，并非完全如此。那些你在不知不觉间掌握的错误的“身体的使用方法”和“观念”，导致了“容易感到疲劳的动作方式”。

既然有“容易感到疲劳的动作方式”，那自然也有“不易疲劳的动作方式”。先别因为自己上了年纪就“弃疗”，一起重新审视一下“对待身体的方法”吧。

本书选取了很多日常生活中经常令人感到疲劳的活动，以此为例，参照身体结构，向大家介绍使身体不易疲劳的方法。

不要因为觉得自己上了年纪就“弃疗”。读了这本书，你会发现，自己的身体还蕴含着潜能，并能学会使身体更轻松、舒服的方法。希望能帮助大家减少日常的疲劳感，获得更健康的身体。

亚历山大技巧 Aru Quality Pro 代表

木野村朱美

CONTENTS
目　录

第 2 章　将家庭生活中的“疲劳”变“轻松”

第 3 章 将外出时的“疲劳”变“轻松”

应对出门在外时的各种情况！将“疲劳”变“轻松”的方法

第 4 章 让身体放下烦恼的“包袱”

本书创新性地使用了简单易懂的插画来说明使身体不易疲劳的方法。为了便于大家理解身体的结构和这些方法，书中使用了许多轻松的口语化词汇。

本书介绍了多种身体的动作方法。别害怕，并不复杂，一边看着插图一边试着在脑海中想象吧。

第1章

身体容易疲劳？是“无用功”在无意识中作祟

疲劳的姿势

和

轻松的姿势

说到“良好的姿势”，想必大部分人脑海中浮现出的都是时刻注意、背部挺直的样子吧。大家或许认为，这种姿势才是轻松的姿势。

实际上，“时刻注意”会使身体更加疲劳。不信的话，可以尝试连续三十分钟保持这个姿势，背部和腿部的肌肉很快就会感到疲劳。

人们往往以为，背靠墙站立，脑后部、背部、臀部、脚后跟四点若都能贴在墙上，便是好的站姿。其实，这是违背身体构造的。稍加观察就会发现，人的臀部被厚厚的肌肉或脂肪包裹，原本就应该向外突出。而人的脑后部和背部也并不处于一条直线上。

“挺直背部”“四点贴墙”，会使身体的重心后移，背部的肌肉更加紧张，从而更易疲劳。

这是因为，**用肌肉来支撑身体的姿势，容易让人感到疲劳。**遵循身体构造，不耗费太多力气，用骨头支撑身体，这才是真正轻松的姿势。

【原本的身体构造】

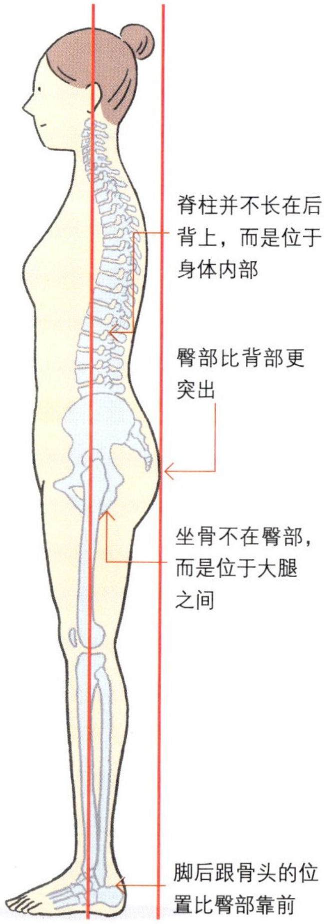

【看起来体态很好……】

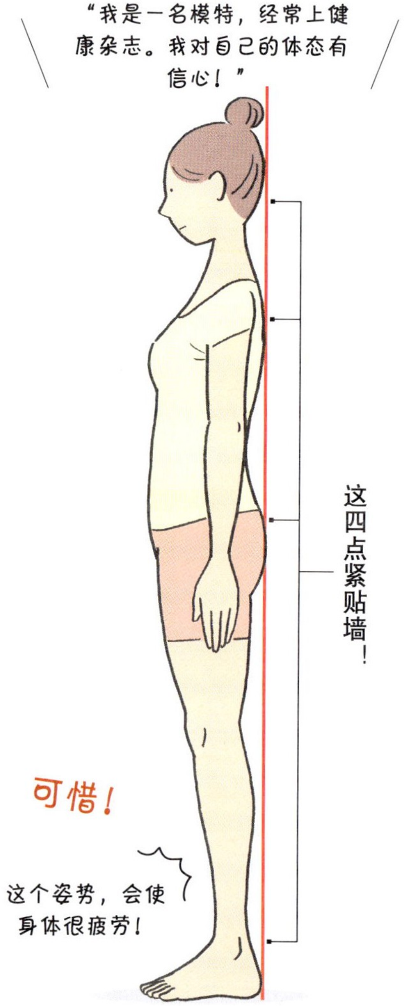

GOOD

不依靠肌肉的力量，靠骨头保持平衡。这样更加省力！

NG

整个身体的重心靠后，给背部肌肉带来很大负担！

怎样减少“无用功”？

如果说，轻松的姿势等于不依赖肌肉的姿势，或许会有人以为，**“那身体不用力就行了吧？”其实并非如此。不用力并不意味着肌肉没有承受负担。**

比如，在右侧的插图中，男子的坐姿看似轻松，没有用力。但实际上，因为身体的一部分没有用力，所以其他部分不得不更加用力，以弥补没有用力的部位的力量，这会增加其他部位的肌肉负担。

由于身体向后仰，头部必须用力向前抬起，以使背部肌肉保持平衡。为防止从椅子上滑下，臀部需要用力，脚也必须抵住地面。如此一来，身体的大多数部位都在做“无用功”。

那么，怎样才能避免这样的“无用功”呢？就像前文所讲，首先，**要懂得身体的构造**。然后，**不要依赖肌肉，而是依靠骨头来保持平衡。**这一点之后会详细说明。我们往往会在不经意的时候，做许多“无用功”，因此，我们需要从改变“意识”开始。

生活中常见的“无用功”案例

这位小哥不羁地坐在长椅上。
乍一看他的姿势好像很轻松……

其实费了许多“无用功”

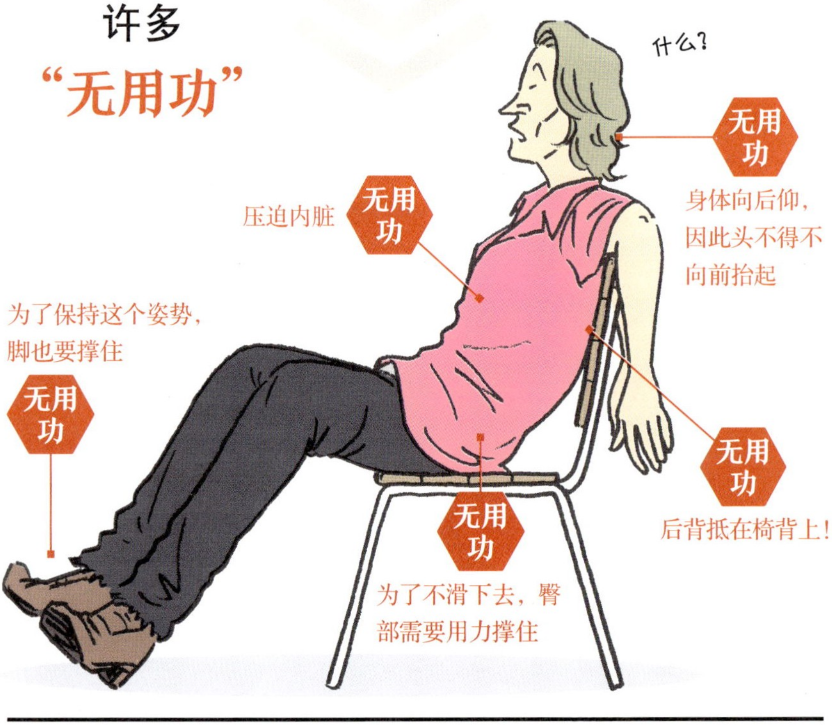

被大脑忽略的部位
无法
充分发挥作用?

前文说到，减少“无用功”，必须从“意识”开始。不过，大脑中关于身体的错误观念可能比你想象的更多，这些固有观念会导致各种各样的问题。

固有观念常常会造成人们对身体部位的错误认识，从而忽略这些部位，使之进入意识的盲区，在需要动用这一部位时却用不上。如果某个原本应当使用的部位没有被动用，那么身体的其他部分就不得不分担因此产生的负担。这就会使得身体更加疲劳。

比如呼吸的时候，想必大部分人都会把注意力放在前胸。其实，**如果肋骨充分张开，肺可以吸入大量空气，一直扩张到背部。**如果注意力全部集中在前胸，呼吸就会变浅，无法达到放松效果，不能充分发挥出原有的机能。

右侧的插图列举了一些由于观念错误导致身体机能无法正常发挥的例子。若想使身体不易疲劳，首先要让正确的意识扎根于心。

大脑弄错了！

肺有多大？

手臂根部在哪儿？

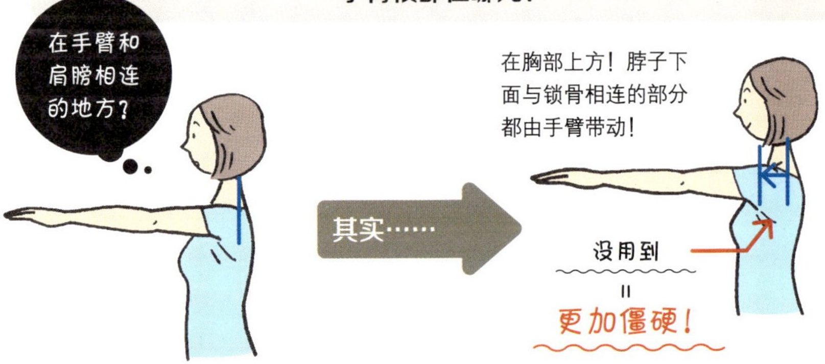

头部到哪儿为止？

“用骨头支撑”是什么意思？

前文讲到，轻松的姿势不能靠肌肉，而是要靠骨头来保持平衡，也就是“用骨头支撑”。那么，“用骨头支撑”究竟是什么意思呢？

请大家想象一下房子的架构。**柱子与地基垂直，然后将房顶架在柱子上面即可。**这种结构理论上应该能保持平衡。但地基若打在不稳定的地方，柱子就会倾斜，这种情况下架上房顶，如果不用钢缆固定，就无法保持平衡。

靠肌肉支撑的原理，就和用钢缆固定相同。如果站姿的平衡性差，那就不得不借助“钢缆”的力量。

如果能正确理解骨骼的构造，养成平衡性强的站立习惯，那么即使不借助肌肉（钢缆）的力量，也能保持稳定。

头的位置靠前或靠后、脊柱后仰、盆骨后倾、脚的中心向前或向后偏移，这些不稳定因素都会让身体不得不动用肌肉的力量。

肌肉承受过多负担，会使身体更易疲劳。

若将身体比作房子……

如果平衡性差，则需要用钢缆辅助，才不会倒塌

平衡性强，柱子就不会倒塌

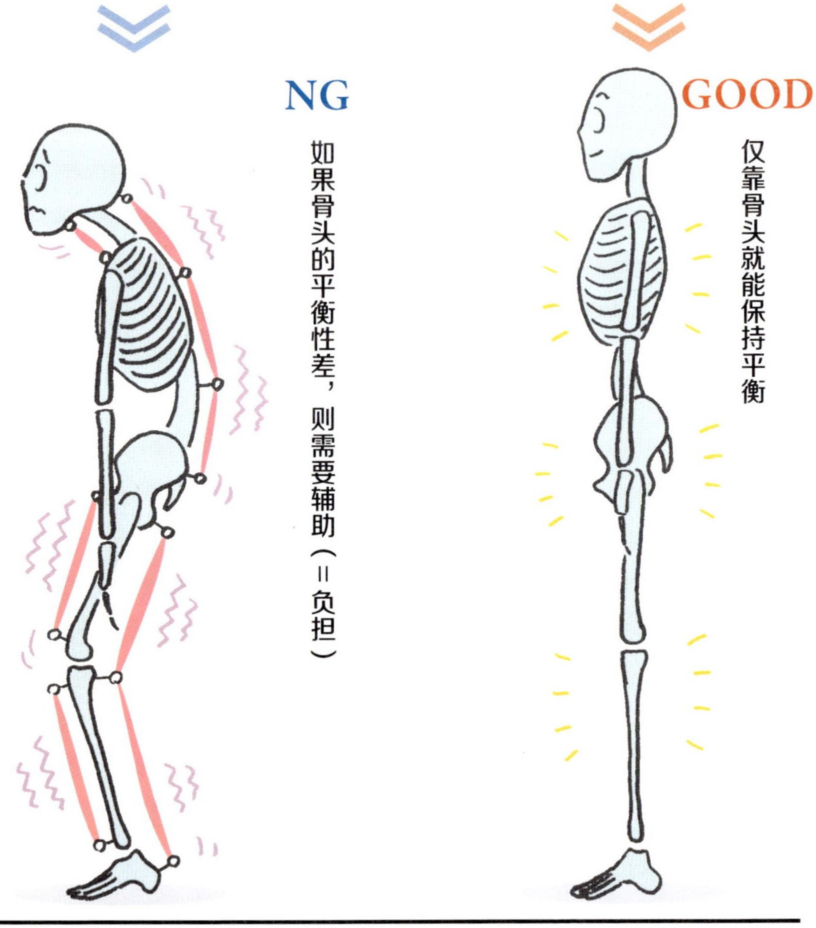

看看自己的身体做了哪些“无用功”？

固有观念造成的身体问题，很难被人们察觉。**如果不主动留意，就很难发现自己的身体做了哪些“无用功”。**

那么，如何才能看出自己的身体做了哪些“无用功”？

基于此前大量体验者在身体检查时产生的数据，我们总结出了一些经常造成“无用功”的固有观念。

如果这其中有至少一项符合你的情况，那么你的身体就有可能存在无意识的肌肉紧张，也就是“无用功”。

以下各项中，有些内容你看了可能会觉得“这还用说吗”。但正是这样的固有观念，使得身体更容易疲劳。

如果与你的情况相符，请对自己的身体情况重视起来。摒弃过去先入为主的观念，回到“**一无所知**”的状态。本书从P30开始讲解如何掌握“不易疲劳”的姿势，请仔细阅读，这将帮助你消解身体的疲劳。

“无用功”检查表

1 认为脊柱位于背部 ☑

2 认为肌肉支撑着身体 ☑

3 认为若要使出更大的力气，必须依靠肌肉 ☑

4 认为人都会肩膀僵硬、腰痛、脖子酸痛 ☑

5 能坐的时候就坐着 ☑

“无用功”检查表

6　经常咬紧牙关 ☐

7　喜欢锻炼身体 ☐

8　认为“刻意”的姿势才是良好的姿势 ☐

9　认为胳膊直直垂下才是放松的状态 ☐

10　扁平足 ☐

“无用功”检查表

11 认为走路的时候，脚后跟最先动起来 ☐

12 认为坐下或者脚着地时，脚必须用力踩住地面 ☐

13 认为肺在胸部 ☐

14 从未注意过肩胛骨是如何活动的 ☐

15 经常会想“加油”“快点” ☐

16 早起的时候往往容易感到疲劳 ☐

一起来学习
不易疲劳的姿势吧！

若想让身体不易疲劳，要从改变姿势做起。

学会将身体从无意识的“无用功”中解放出来，用骨头支撑身体，这是我们的目标。

不过，请注意，**不要强行抽空身体的力量，也不要刻意想着摆出良好的姿势。**因为，一旦有意识地去想“我要摆出良好的姿势”，那么后背、腹部和下半身的肌肉就会不自觉绷紧。

我们要做的，不是学习如何摆出正确的姿势，而是**摒弃固有观念和坏习惯，也就是消除“无用功”。**

若要摆脱固有观念的枷锁，那么身体不能太过紧绷、用力。抛弃过去关于身体的错误认知，让新的观念扎根于心，这样就能自然地养成轻松的姿势。也就是说，我们不需要身体用力，而是要改变大脑的想法。

为了养成“用骨头支撑”这一习惯，可以从相对简单的“不易疲劳的坐姿”开始。掌握坐姿的要领后，再加上下半身的动作，就能练成骨头支撑的“不易疲劳的站姿”了。

STEP 1 不易疲劳的坐姿

想学会轻松的站姿，先从学习坐姿开始！

消除“无用功”？

以下三点要记牢！

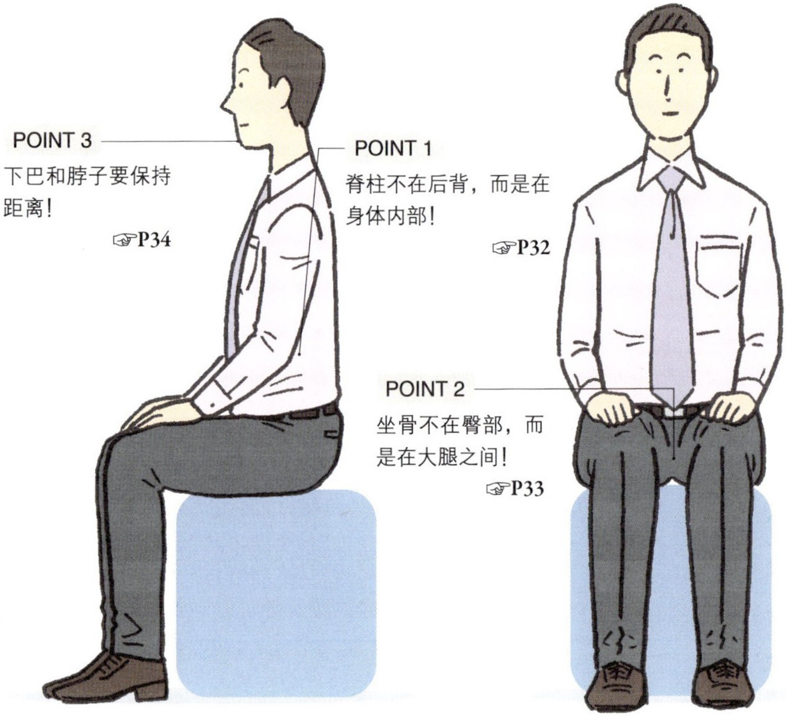

POINT 1 脊柱不在后背，而是在身体内部！

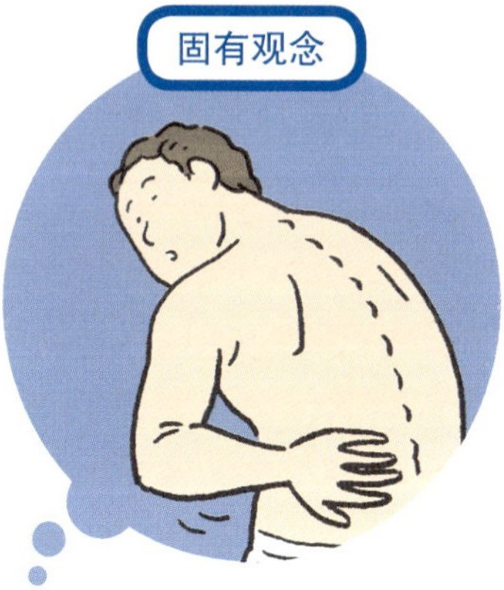

背部中间有许多突起，所以脊柱在背部。

这会……

想保持好姿势时，“脊柱 = 背部”这种想法会使背部肌肉更加紧张。

||

无用功

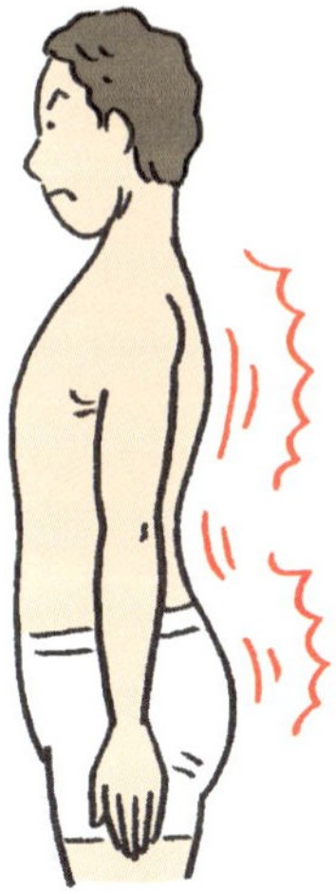

这才是真正的脊柱！

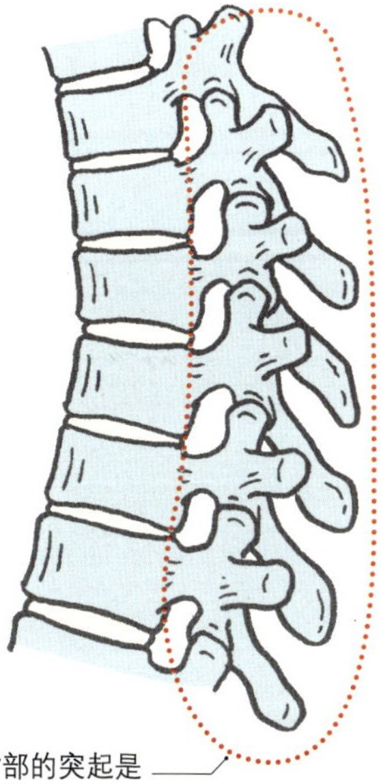

背部的突起是这个部分！

也就是说……

脊柱比你想象的更靠近身体中心！

||

时刻意识到，要用身体的中心来支撑自己。

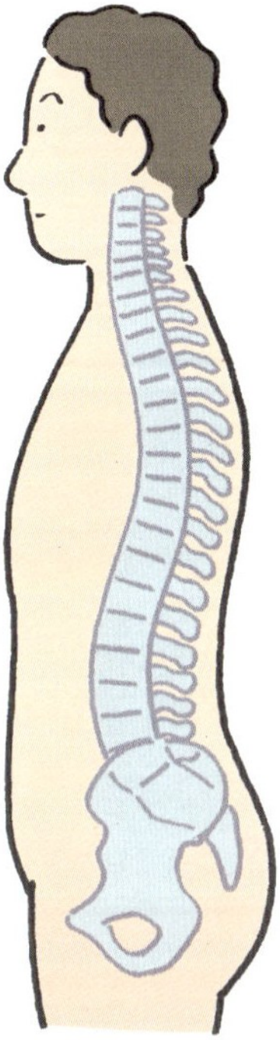

POINT 2 坐骨不在臀部，而是在大腿之间！

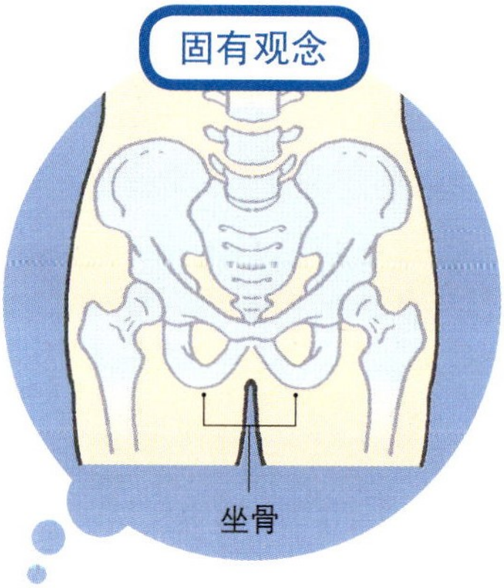

从正面看，坐骨好像位于臀部一侧。

但是……

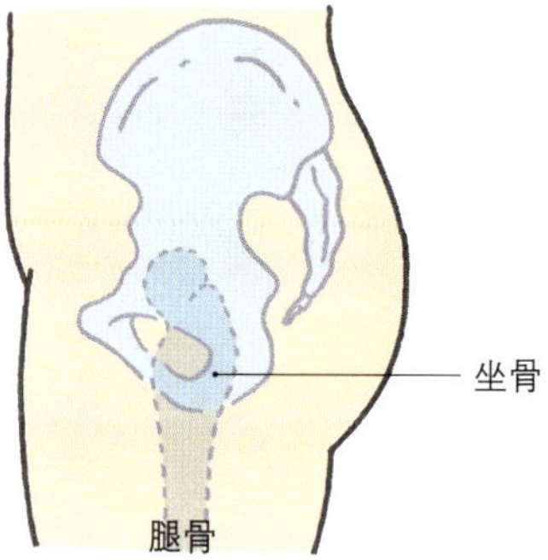

从侧面看就会发现，坐骨其实是向前弯曲的。实际上，坐骨位于大腿之间！

坐下时，请将头自然地与坐骨保持在一条直线上

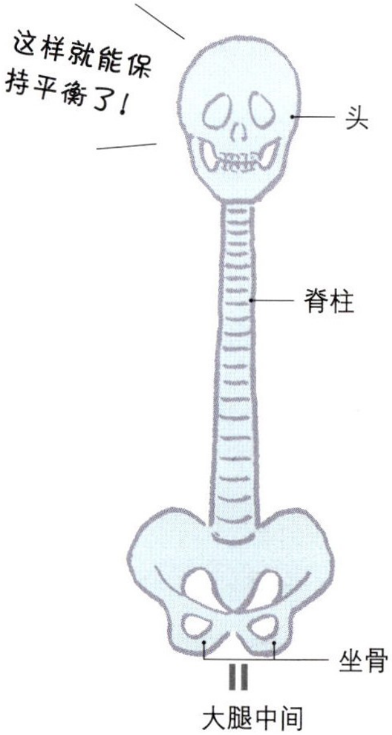

也就是说……

大腿间的坐骨是基座，中间的脊柱是一条线，上面连接着头部。

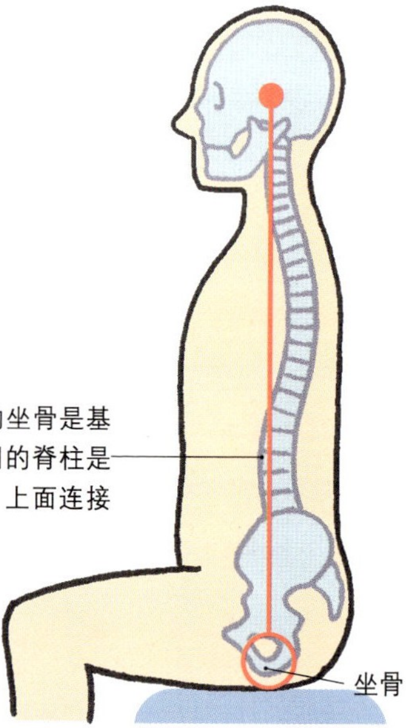

POINT 3 下巴和脖子要保持距离！

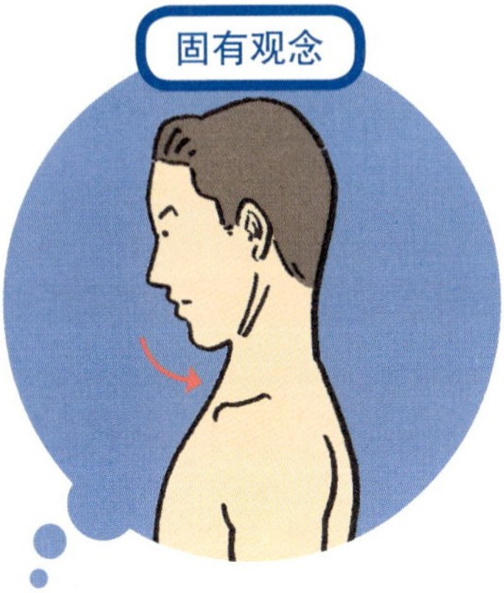

收下巴、贴近脖子，这样才是好姿势！

这会……

背部容易耸起，导致呼吸变浅。

‖

无用功

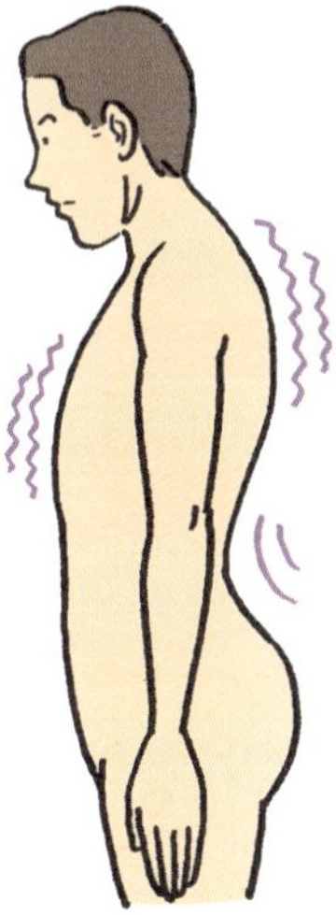

坐下的时候向前看！

自然平视，下巴就不会和脖子贴得太近。

肩部无须用力。

这个姿势不容易驼背或身体后仰。

胸部打开，呼吸更顺畅！

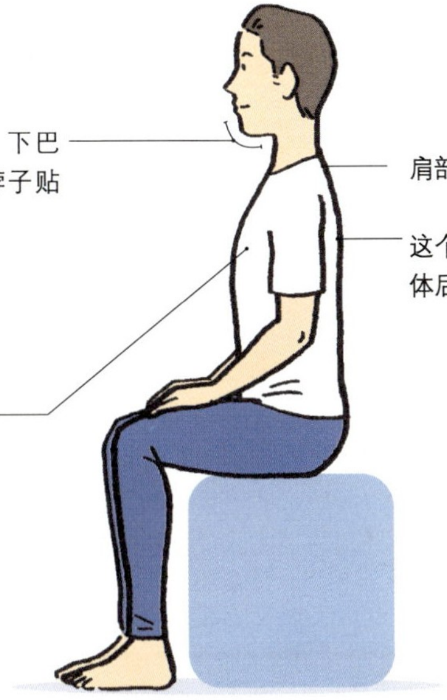

STEP 2 不易疲劳的站姿

记住“坐姿”后，加上下半身的动作！

消除“无用功”的 4 个要领

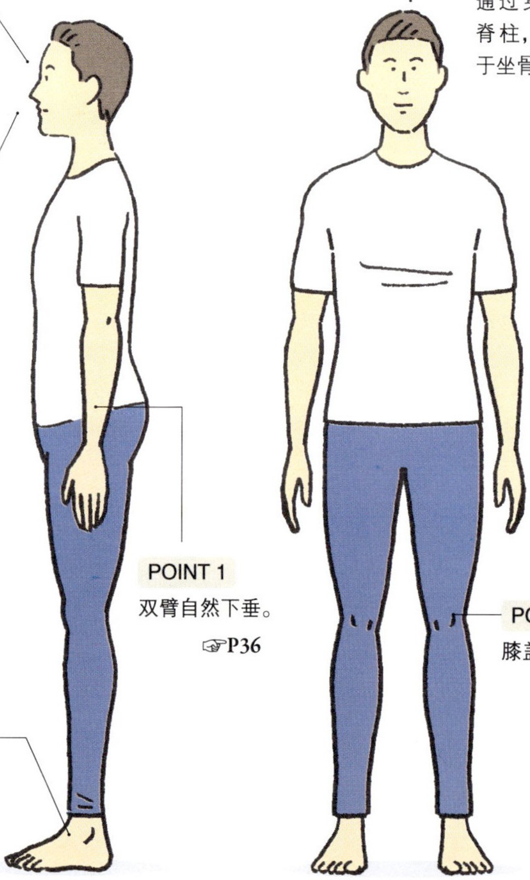

复习

向前方平视，下巴与脖子不要贴太近！

☞P34

复习

通过身体中央的脊柱，让头部处于坐骨正上方。

☞P32~33

POINT 4

始终用鼻子呼吸！

☞P39

POINT 1

双臂自然下垂。

☞P36

POINT 2

膝盖骨不是膝盖！

☞P37

POINT 3

不要刻意站稳！

☞P38

POINT 1 双臂自然下垂！

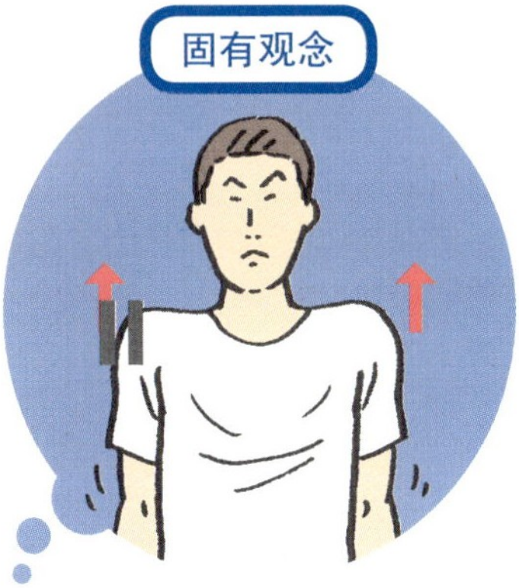

双臂紧贴身体时，肩膀容易不自觉抬起，耗费更多力量。

‖

无用功

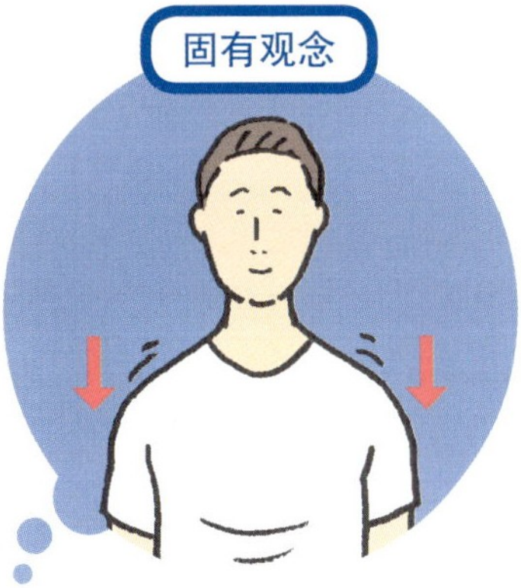

反之，刻意让手臂向下伸，则会给身体施加向下的力。

‖

无用功

那么……

别太在意手臂的姿势就行了！

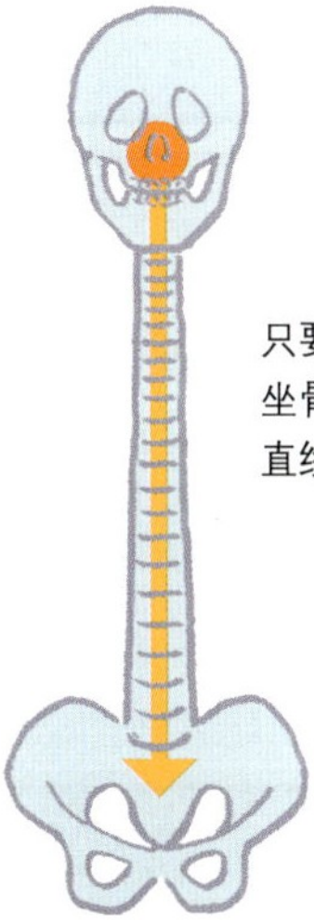

只要注意让头与坐骨保持在一条直线上就 OK！

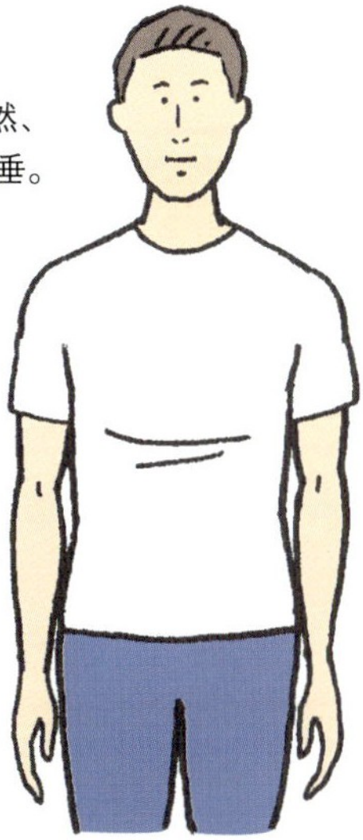

手腕自然、放松地下垂。

POINT 2 膝盖骨不是膝盖！

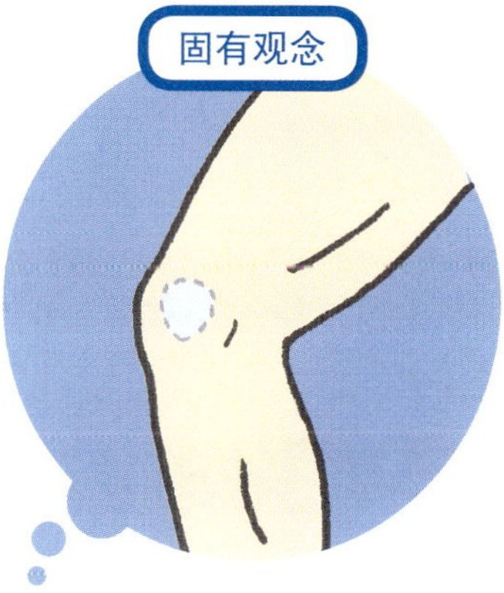

一说到膝盖，就以为是膝盖骨这个地方！

但是……

其实，支撑着身体的，不是膝盖骨，而是下面的膝关节！膝盖的范围比你想象的大！

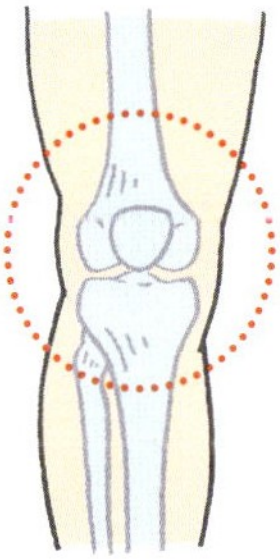

＝

无用功

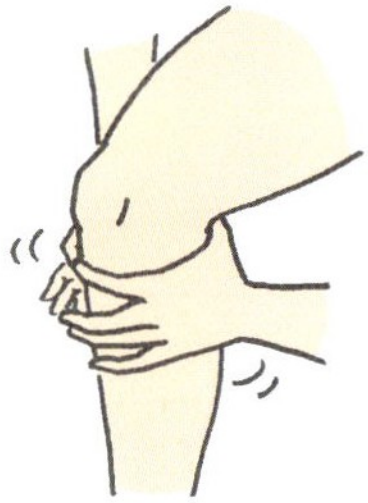

用两手圈住膝盖骨下方……

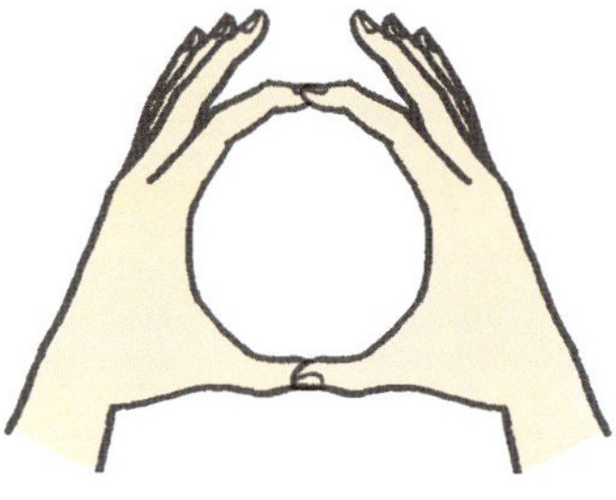

大小和双手摆出的圆形差不多！

膝盖放松，不要绷紧！

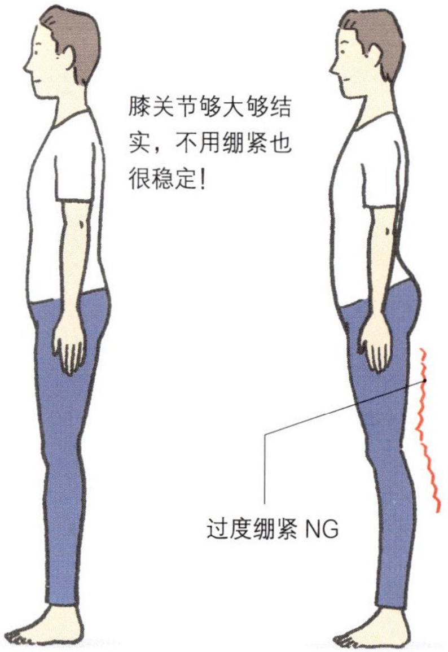

POINT 3 不要刻意站稳！

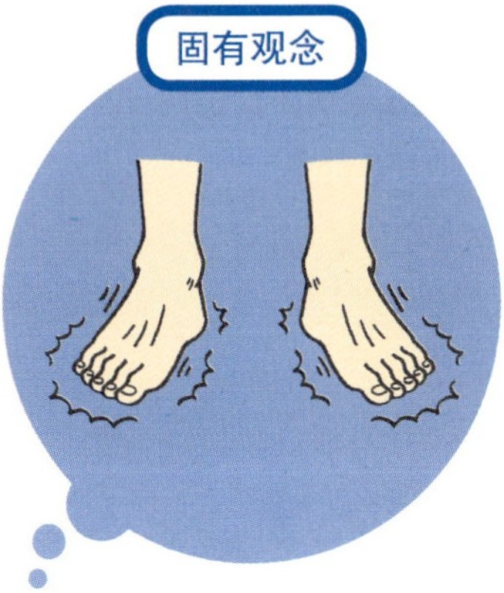

刻意站稳，会使脚部使劲地踩住地面。

这会……

全身僵硬，反而不稳定。

‖

无用功

该怎样做？

在脚心上面轻轻站立！

身体的重量都压在脚部，所以不需要用力踩住地面就能保持稳定！

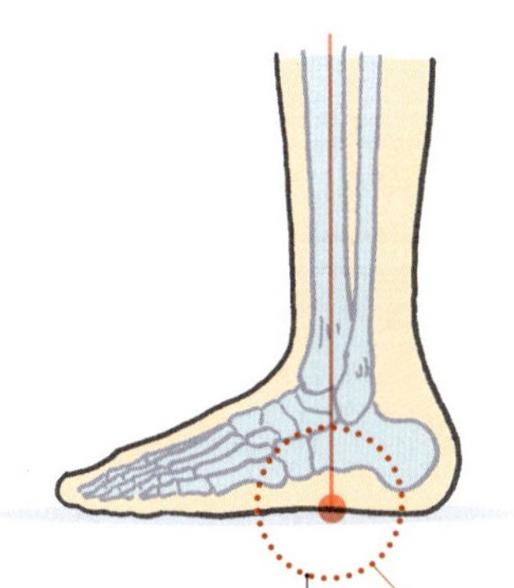

头部、脊柱、坐骨、脚心连成一线！

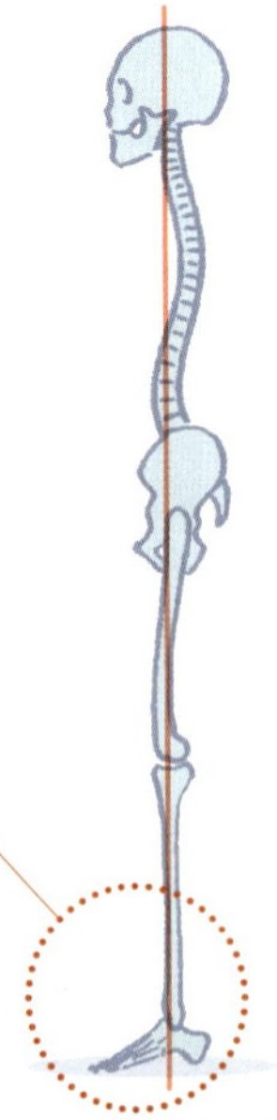

POINT 4 始终用鼻子呼吸！

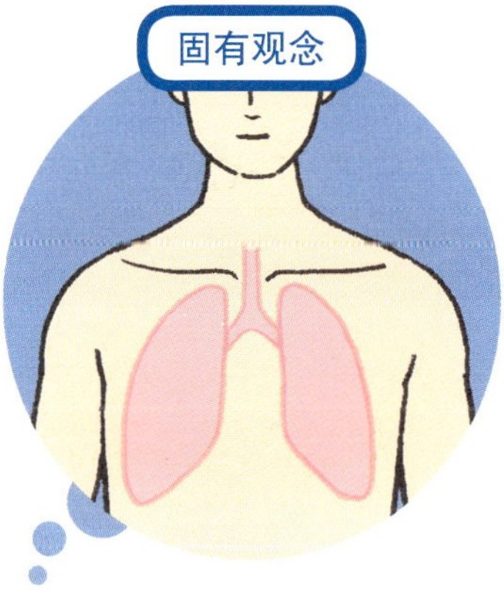

肺位于前胸。

‖

无用功

深呼吸就是从鼻子吸气、嘴巴呼气。

‖

无用功

我们应该……

用鼻子呼吸，让空气将肺撑大到后背

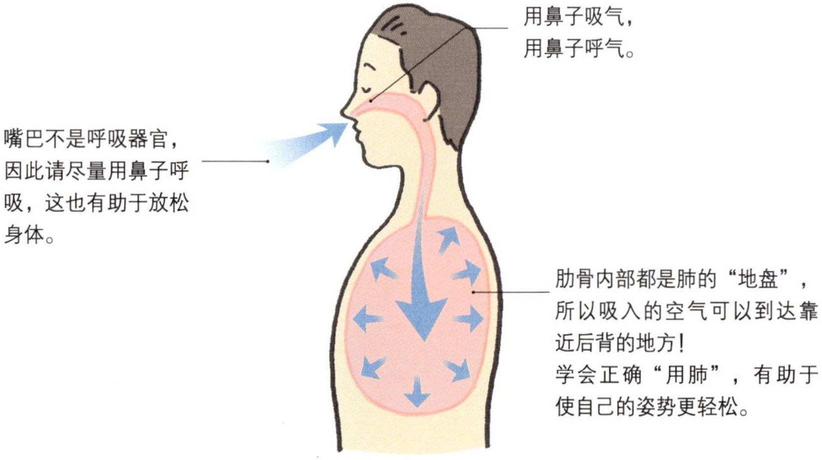

容易疲劳的人往往很冲动？

没走多少路就上气不接下气，加把劲儿才能站起身……想必在日常生活中，很多人都产生过“我是不是比别人更容易疲劳”的想法吧。

容易感到疲劳的人，往往行动时也比别人更“冲动”。**这里的“冲动”是指什么？举个例子，当你想把橱柜上的东西取下来或者寻找电视的遥控器时，急冲冲地朝目标冲过去就开始做，这就是“冲动”的表现。**通常，大脑和身体是一体的。但在那一瞬间，意识会先抵达目标，而身体被落在后面。此时，**被落下的身体便开始无意识地自动行动起来。**

这种无意识的行动是基于人在五至六岁时确立的动作模式展开的。这种模式常常存在许多错误，而身体也不具备自我矫正能力，因此会做出许多“无用功”，使人更容易疲劳。

因此，我们需要通过以下三步：①**多注意**，②**自我反省**，③**找回身体的感觉**，让意识回到身体中，替换原本的自动动作模式。

冲动的行动为什么会造成疲劳？

当那里出现一个目标物

・你正在寻找的遥控器
・橱柜上的东西
日常生活中的目标物

意识先跑到了目标物所在的地方，身体还留在原处。

冲动的反应。

平时

身体与意识一致。

被留下的身体自动行动起来

・无意识的动作
・身体没有感觉
・错误的动作
‖
“疲劳”

被落下的身体按照人在五至六岁时确立的动作模式无意识地自动行动。

→

如何改正这些让人疲劳的动作？

①注意
②自我反省
③找回身体的感觉

→ 让意识回到身体中，改变原来自动行动的模式。

习惯的动作

≠

轻松的动作？

无意识的自动动作又被称作习惯动作。

越想放松自己的时候，身体越容易选择这样的动作模式。就像我们之前所说的那样，无意识的习惯动作并不一定是轻松的动作。

习惯动作是人在五到六岁的时候养成的。一两岁的孩子没有发达的肌肉，因此会自然而然地依靠骨骼的力量保持平衡。但年龄稍大一点之后，孩子们会模仿身边大人的动作，学会新的动作模式。而且，这种动作模式在成年之后也基本不会改变。这就像是**成人的身体里藏着一个孩子在操纵身体**。因为无法好好控制身体，所以会产生疲劳感，即便如此，身体还是会自动行动起来。

此外，在这种模式中，调节动作的“程序”是非常简单粗暴的。

比如，有的人在被指出驼背后，会矫枉过正，身体反而向后仰了。“纠正驼背”这个“程序”，原本应当更加精密，但人体并没有储存足够的“数据”去支持它。

若想养成不易疲劳的动作模式，就要抱着怀疑态度，不要理所当然地采用习惯动作。

无意识=习惯动作的实施者是六岁儿童?

习惯动作大约在五至六岁时养成。即使成年以后，习惯动作的“数据”也基本不会被替换。

习惯动作的“程序”非常“潦草”?

为纠正姿势，姿态过于极端，这种例子不少见

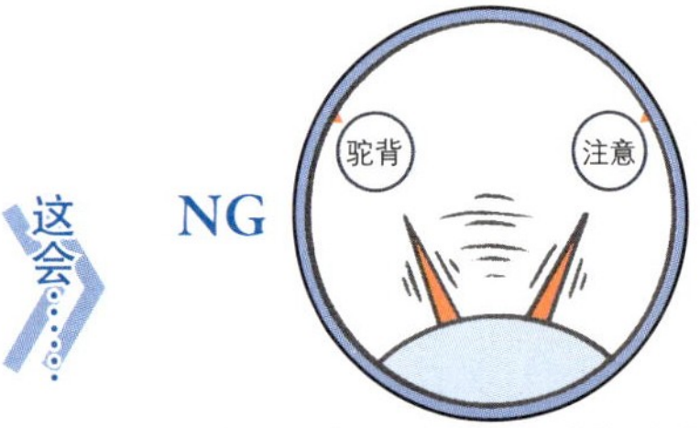

该“程序”使人从一个极端变成另一个极端

“程序”设定得更加细致，以便找到最轻松的姿势

不要追求“成就感”！

人们在试图减少“无用功”、学习不易疲劳的姿势和动作时，往往容易**追求一种“成就感”**。特别是那些经常健身、练瑜伽、做拉伸的“健康意识较强”的人，常常会过度追求成果。

过于追求“成就感”，反而会使**肌肉更用力，造成额外的“无用功”**。

前面我们说到，若要养成轻松的姿势，必须将调节动作的“程序”设定得更细致。

极端的做法并不是正确答案。例如，使头部与坐骨保持在一条直线上时，身体不能过于靠前或靠后，应该稍微向前调整还是向后调整，需要自己慢慢摸索。若过于追求明确的标准答案，反而会使自己忽略了其中微妙的差异。

在大脑中想象正确的姿势时，一定要“轻轻地”“缓缓地”。如果大脑用力过猛，身体一定也会不自觉地跟着用力。若想掌握轻松的姿势，就要学会不依赖肌肉的力量。因此，请一定要注意放松大脑。

“我正在努力！”
这种满足感造成了更多“无用功”！

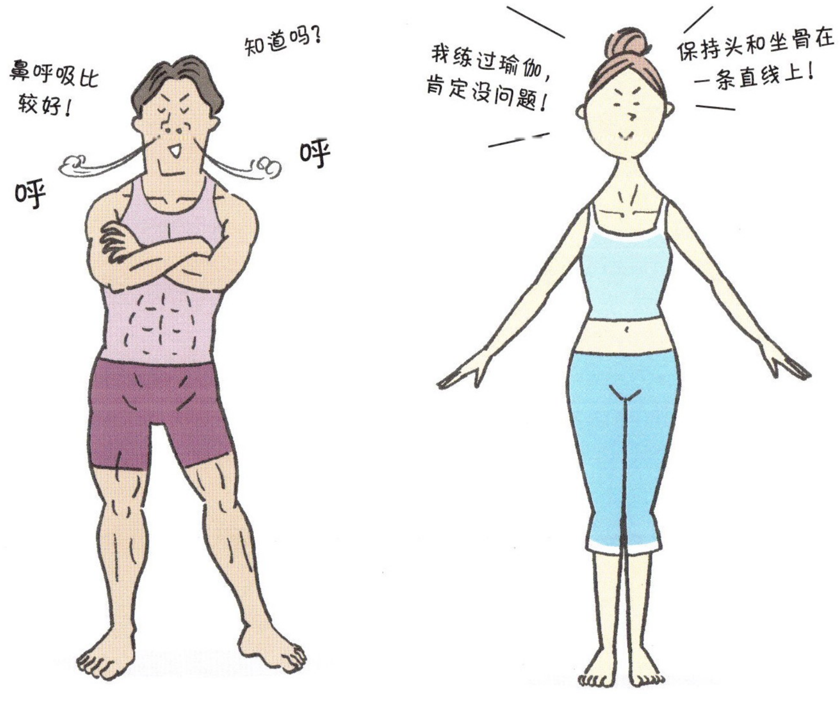

NG

干劲儿十足的时候，反而更容易产生“无用功”！

“轻轻地”“缓缓地”就好！

注意身体的“运动方向”

身体在疲劳地做动作时，动作的“方向”也会在无意识中增加“无用功”。方向上的“无用功”，指的是**身体没有按照正确的方向运动，因而没有得到高效的“使用”。**

以走路为例，走路时，身体的动作方向应该是向前的。换句话说，身体的力的方向是向前的。或许你认为这是理所当然的，但实际情况并非如此。例如，**有的人脚步声很大，他们走路时主要的力就是向下的。**走路时，只需要向前不停地迈动脚步，并不需要向下用力地踏地。这种方向上的不一致造成了“无用功”。

再举个例子。取高处的物品时，动作方向应该向上。但有的人会无意识地耸肩。也许你会以为，耸起肩膀，手臂能伸得更长，但其实，肩膀抬高多少，手臂就会垂下多少。手臂原本可以很轻松地抬起，但肩膀用力反而会限制手臂。

因此，不要让身体的“运动方向”与动作不一致，这也是放松身体的要领之一。

无意识的动作造成的“方向错误”

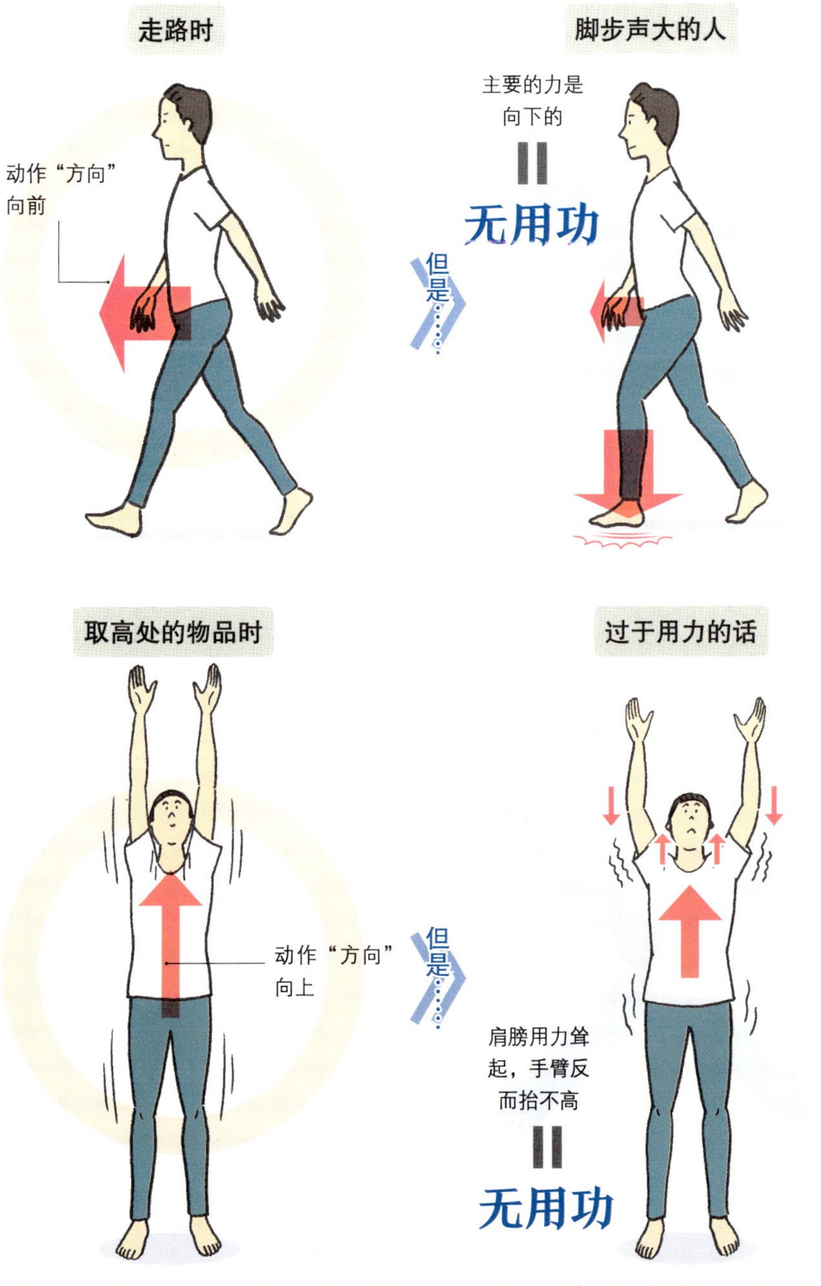

起床

“起床”“起立”“坐下”“走路”，使这四个基本动作更轻松的秘诀！

发生场景 早上起床时；白天小睡醒来时

不用力就起不来！

起床时，身体常会无意识地蜷缩起来。这样会压迫关节，使身体变得不灵活。用这种姿势强行起身，会耗费更多力量，不用力则很难起来。

这样更轻松！

起床前，先让头部和坐骨保持在一条直线上！

1 舒展身体，将头部、脊柱、坐骨调整至一条直线

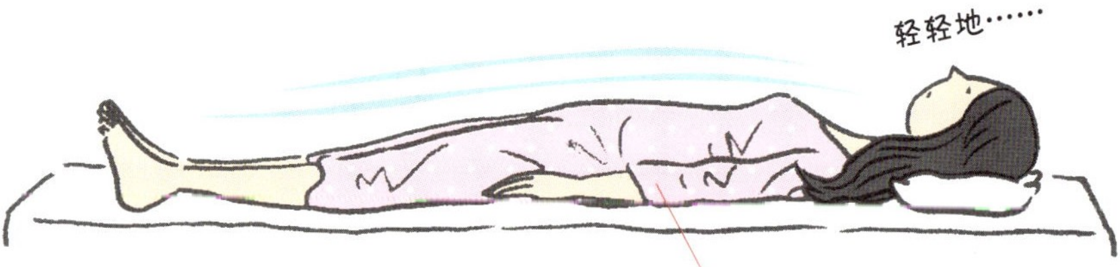

起床时如果蜷缩着身体，
会耗费更多力气！

2 用手臂撑住床，一下子抬起身体

保持住这条直线，不要让身体蜷缩起来。

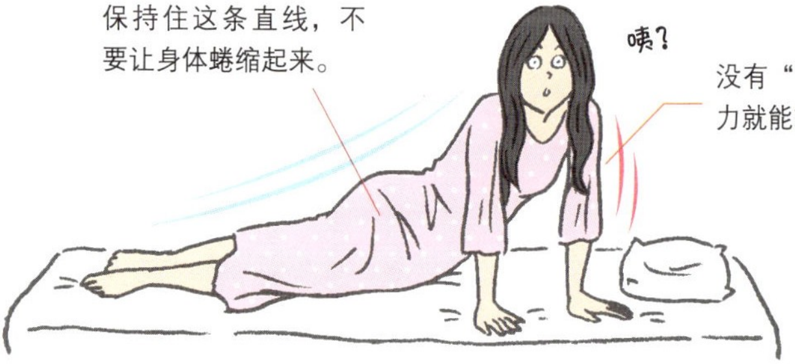

没有“无用功”，用很少的力就能轻松起身！

躺在床上时

利用腿部放到床下时产生的反作用力！

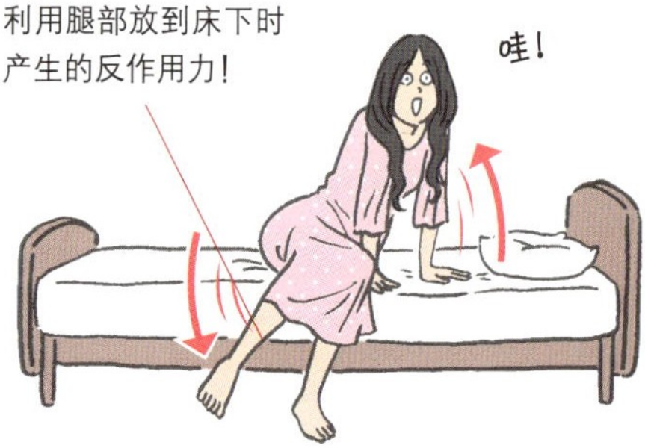

注意事项

起床时，注意头部与坐骨保持在一个平面上。这样不会压迫关节，更容易使出力气。再利用手臂抬起上半身或是腿部放到床下时产生的反作用力，会更加轻松。

起立

发生场景 从家里、公司或地铁座位上站起来时

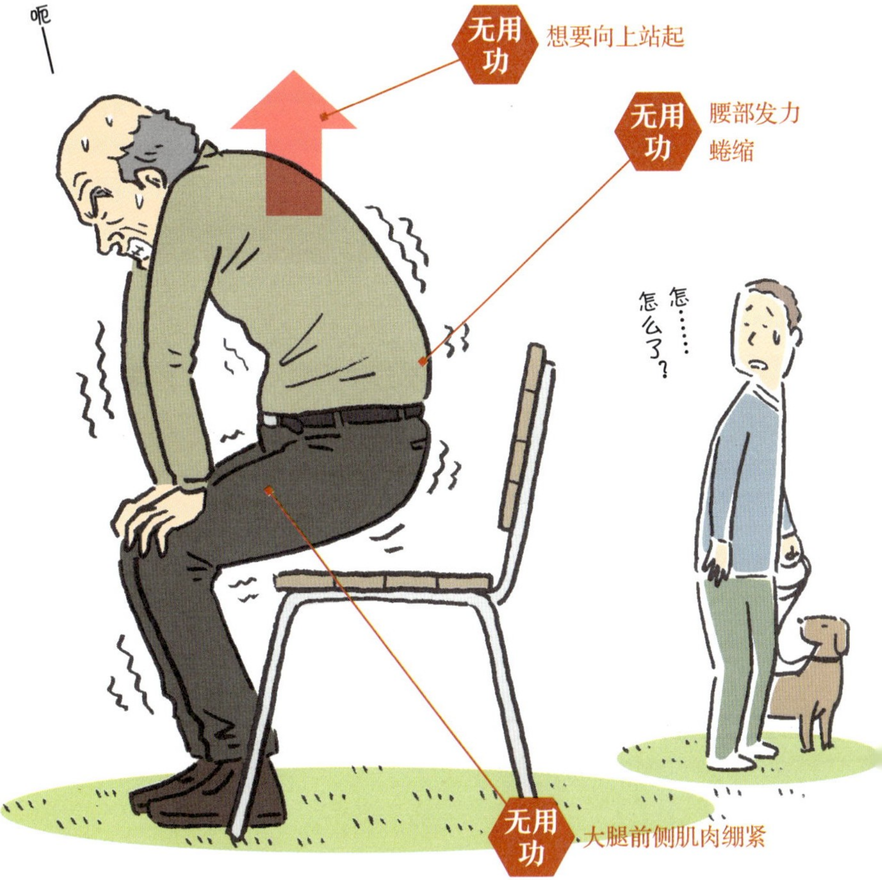

大腿使出“吃奶的劲儿”！

很多人以为，“起立”时的方向向上，站立时重心应当位于脚心的正上方。这种姿势会使身体更不稳定，必须依赖大腿的力量支撑身体。起立的瞬间，大腿肌肉紧绷，非常容易造成疲劳。

这样更轻松！

弯起“红唇肌”，让身体前倾！

关键点 身体的弯折点 臀部的“红唇肌”是什么？

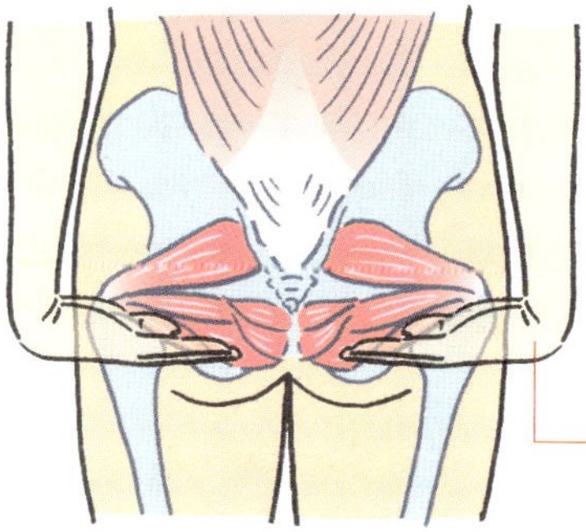

这是一幅臀部肌肉示意图。与腿骨顶端（大转子）高度相同的地方，有一个部位的肌肉长得像“张大的嘴巴”。我们把这个部位的肌肉称作“红唇肌”。它可以让身体更好地弯折。

1 站立时，身体应该位于脚心的延长线上

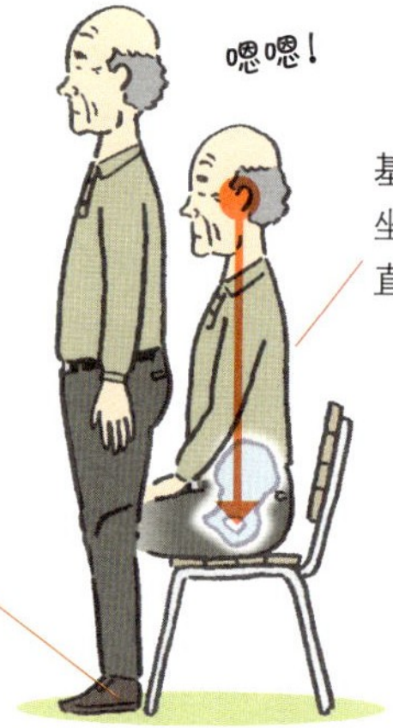

注意事项

要意识到不是向上，而是向前起立很重要。由于脚掌的正上方（延长线）是站姿的重心，要先把身体最重的部位转移到此处。弯曲胯部，身体向前倾，完全不费力就可以站起来。你会惊讶于如此轻松。

2 向前起立！

坐下

发生场景 家里、公司或地铁的椅子上

这种“坐”法令邻座不愉快！

与“起立”时相反，身体重心偏后，全靠大腿肌肉支撑。当大腿支撑不住时，身体就会“砰”地猛然向后倒下。这种坐姿不仅容易疲劳，还会在公共交通工具上给旁边的乘客造成许多困扰。

这样更轻松!

弯起“红唇肌”，让身体前倾!

1 臀部向后伸出

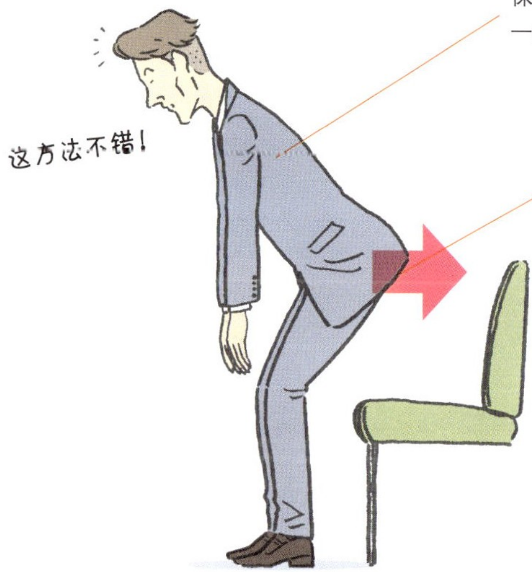

保持头、脊柱、坐骨在一条线上。

与起立的动作相反!弯起“红唇肌”（P51），臀部向后伸出!

地铁上人满为患，怎么“坐”?

身体前方没有空间的时候，把脚向后放，这样就能在不撞到其他乘客的前提下前倾身体。

注意事项

“坐下”的动作与“起立”相反。弯起“红唇肌”，将臀部向后伸出，这样就能轻松地坐下。当地铁上人很多时，可以将脚向后放，通过这种方式改变身体前倾的角度，坐下时不会撞到其他乘客。

走路

发生场景 上班等各种场合

气势汹汹的走路姿势并不美

穿着高跟鞋走路，由于迈步时脚跟不能着地，膝盖会不自觉弯曲。腿部过于用力，会使人更易疲劳，走路姿势也不好看。一部分男性在走路时，两腿向左右两侧打开的幅度过大，头也跟着左摇右晃，这种姿势容易导致腰痛。

这样更轻松！头带动腿向前移动

1 头与坐骨自然地保持在一条直线上

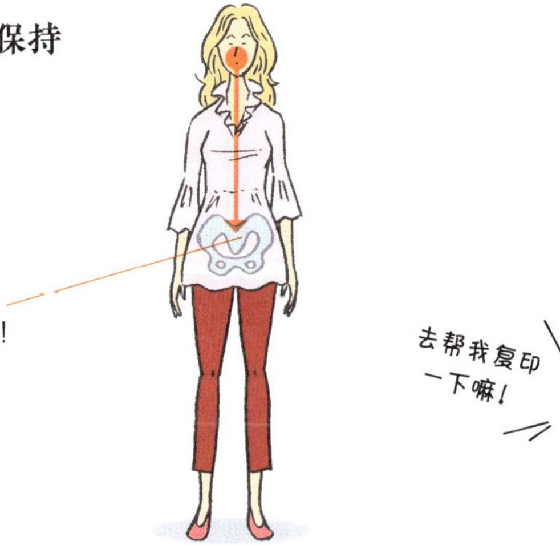

2 头带动身体向前移动

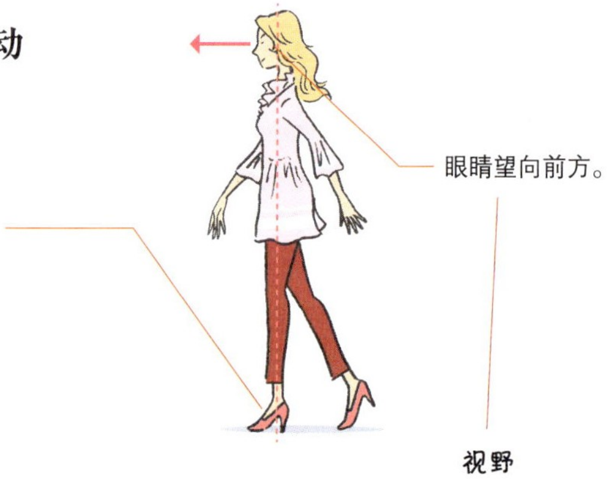

注意事项

首先，头部与坐骨保持在一条直线上。眼睛向前看，用头部带动身体向前移动。腿不需要刻意向前迈出，跟着头部自然地移动就好。脚要在身体正下方落地。这样虽然步幅小，但姿势更美。

看着前进方向，向着目标，用头带动身体向前移动！

改掉不良动作习惯的方法 “亚历山大技巧”

本书的理论基础，是一套名叫“亚历山大技巧”的身体使用方法，是一百多年前由一位叫作F·M·亚历山大的澳大利亚演员提出的。他曾因有时在舞台上发不出声音而深受困扰，经过仔细感受发声的瞬间，他发现，自己的后颈肌肉常常会无意识地紧张，进而压迫声带。当他纠正了这一不良习惯后，就在舞台上能流畅地发出声音了。以此为契机，他开始研究这类技巧。

纠正不良习惯其实很难，并不仅仅是使后颈肌肉不发力这么简单。他发现，必须要从“吐气”开始，解析“说出台词”前身体的每个动作，这样才能找出不良习惯的根源。为了减少不必要的发力，他仔细地感受身体的每个细微动作，最终总结出了一套改变不良习惯的方法。若想改变不良习惯，不能改用身体其他部位发力，而需学会消除产生这一不良习惯的力的方法。

他总结出的这一套消除无用的力、让身体原本的力量能够轻松发挥出来的方法，就是“亚历山大技巧”。最初，这套理论只是在音乐界和舞台表演者中流传，后来人们发现，它同样适用于解决普罗大众的身体疲劳问题。

现在，这套理论在欧美已经获得广泛认可，保罗·麦卡特尼、基努·里维斯等名人都是它的“粉丝”。此外，美国茱莉娅音乐学院、英国王室演剧学校等知名的音乐和戏剧学院都将其列入教学大纲。

第2章

将家庭生活中的“疲劳”变“轻松”

应对家中的各种活动场景！将“疲劳”变“轻松”的方法

许多人在日常生活中常常会感到疲劳，但又无计可施，只能继续忍受。

但是，当这样的疲劳不断积累后，就会给身体造成巨大的负担。

其实，**这些负担，绝大部分都是错误的固有观念和习惯动作造成的。**

和之前介绍的例子相同，在进行下述日常动作时，**只要消除无意识中产生的“无用功”，那些原本很容易造成疲劳的动作，也会变得轻松。**

本章将会一一列举我们在家中经常做的容易令人疲劳的动作，并讲解使它们变轻松的方法。

打扫卫生、做饭、做家务、站着穿袜子、搬运重物……我们几乎每天都会进行这些活动。本章将会对这些动作进行一一拆解，分析“无用功”的产生原因及使其更轻松的具体步骤。

从P60开始，我们会先讲讲所有动作中通用的四个基本点。

其中绝大部分都是"错误的固有观念"和"习惯动作"在作祟！

改变习惯，让生活更轻松！

让日常生活更轻松的四个基本点

在讲解具体的生活场景之前，先记住这四个重要的通用基本点吧！

基本点 1 坐骨位于大腿之间

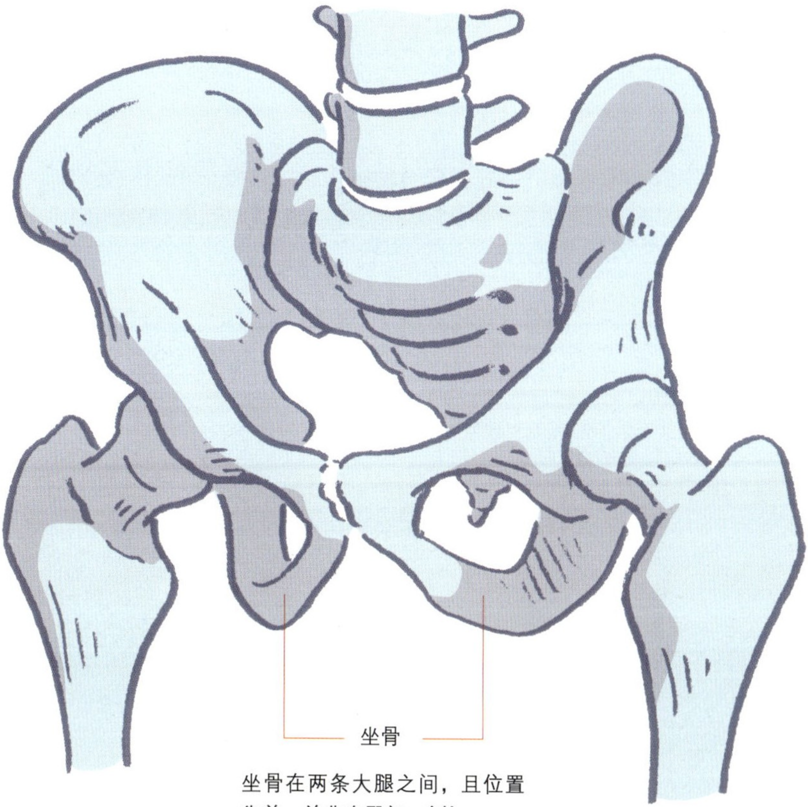

坐骨在两条大腿之间，且位置靠前，并非在臀部一侧！

坐骨是上半身的“基座”，如上图所示，坐骨位于大腿之间。在做任何动作前，都要先树立起这种意识。

基本点 2 脊柱位于腹部中央

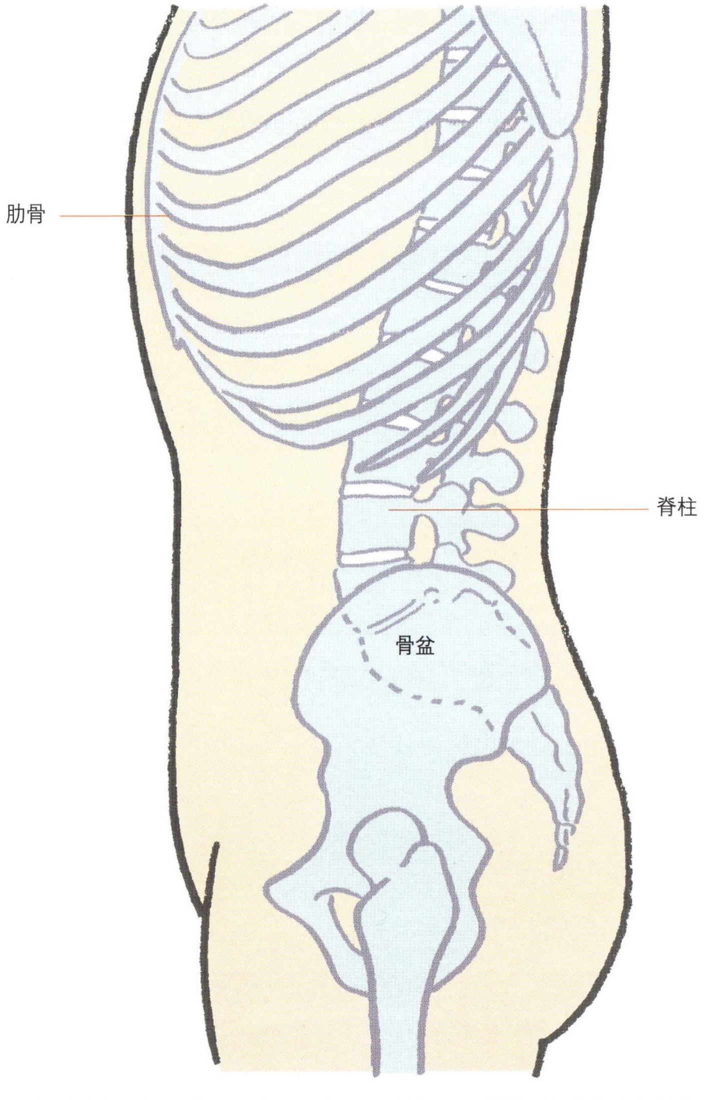

从侧面看，脊柱几乎位于腹部的中央。坐骨是“基座”，脊柱是身体的中心部分，支撑着整个上半身。

基本点 3 食道紧挨着颈骨

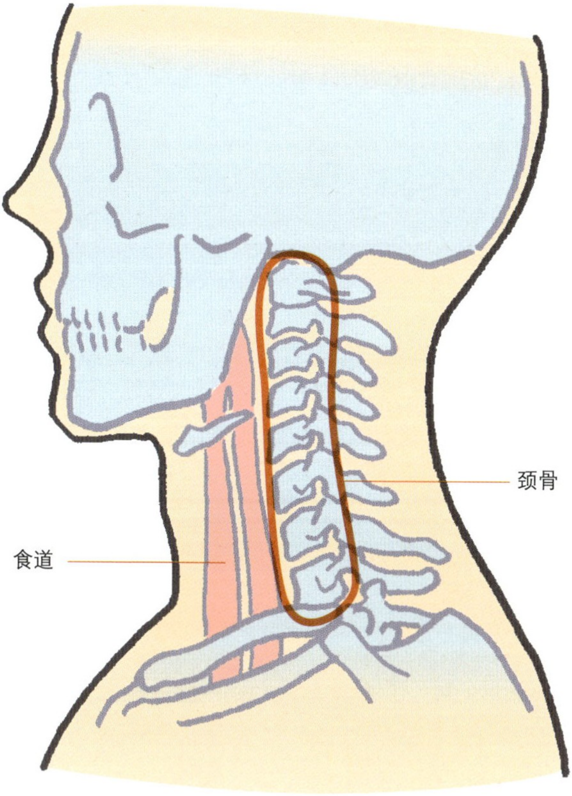

如上图所示，颈骨紧挨着食道。不要忘记，从脖子到脊柱这段颈骨就在食道的后面哦！

基本点 4 将头部保持在坐骨正上方

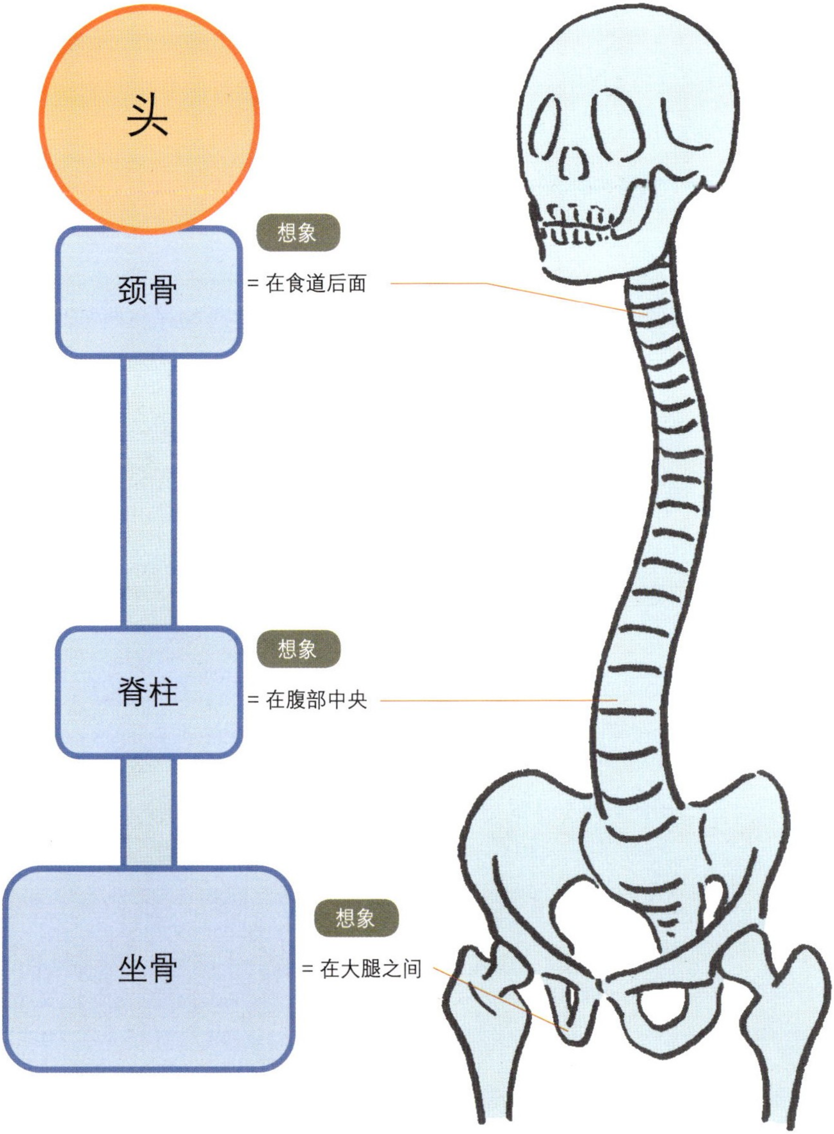

请想象这样的画面：在坐骨、脊柱、颈骨这三块连在一起的“积木”上，轻轻地放上头骨，并使之保持平衡。

穿袜子

发生场景 早上上班前，准备出门时

如果身体的中心线不在支撑脚的延长线上，就很难保持平衡。头太低，脚底用力过猛，很容易站不稳。可见，对于如何维持平衡没有树立起正确的认识。

这样更轻松！

不要用力踩地！头不要太低！

1 用支撑腿保持平衡

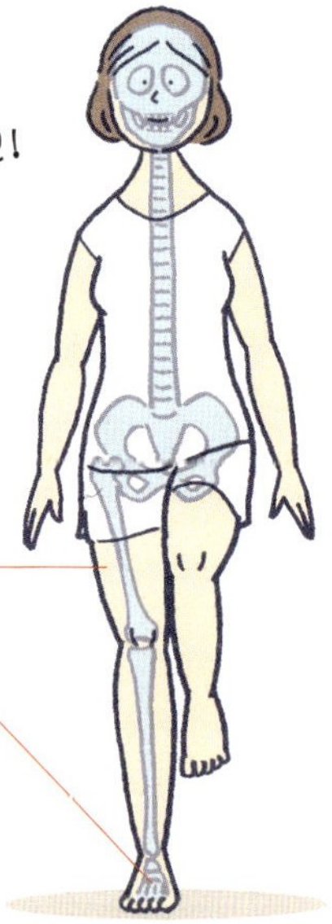

2 腰部不要过度弯曲

注意事项

很多人在穿袜子时，头常常会低得太低，造成身体不平衡。首先，请将头部保持在坐骨的正上方，然后抬腿，保持站在地上的脚与坐骨、头部在一条直线上。腰部轻轻弯曲，让手能够到脚即可。这样更容易保持平衡。

从冰箱中拿东西

发生场景 在家中做饭时

弯腰、下蹲

从冰箱中拿东西时，人们往往会将头伸得太近，腰也弯得太厉害。这种蜷缩的状态会使身体更加用力，因而更容易疲劳。

这样更轻松！ 选准站位，动用“红唇肌”！

1 选好自己的站位

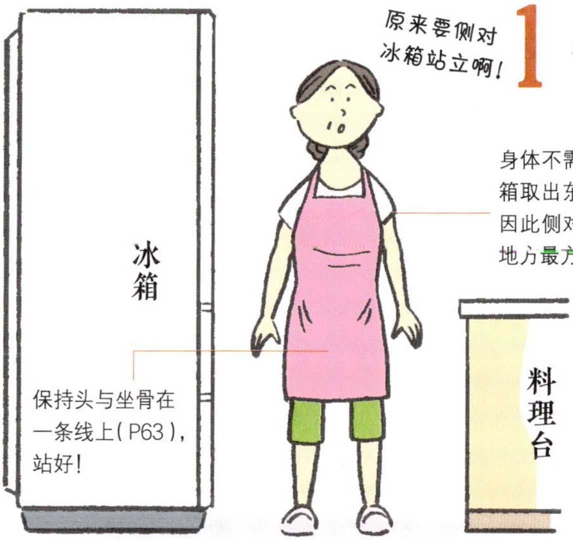

身体不需要正对冰箱。因为从冰箱取出东西后要放到料理台上，因此侧对冰箱，站在两者之间的地方最方便。

2 不要弯腰，用“红唇肌”将臀部向后顶出去！

不要弯腰，用“红唇肌”（P51）将臀部向后顶出去！

然后只要站起身，将东西取出来即可！

注意事项

取东西时，身体往往会跟冰箱贴得太近，导致上半身不自觉地蜷缩起来。因此，打开冰箱前，首先要观察冰箱和料理台的位置关系，站在两者之间，保持头部至坐骨的线条，动用“红唇肌”屈身将东西取出。这样不会压迫关节，身体更轻松。

搬重物

发生场景 快递送到后，在家中寻找合适的位置放置时

弯腰的瞬间恐惧感袭来……

如果脚离箱子太远，头部就会不自觉地降得太低，腰也会过度弯曲。这会分散肌肉力量，因此手臂必须使出更大的力气弥补被分散的力量。同时，也会给腰部带来更大负担，让人战战兢兢，时刻害怕闪到腰。

这样更轻松！

把握好距离，弯起“红唇肌”！

1 缩短脚和箱子之间的距离

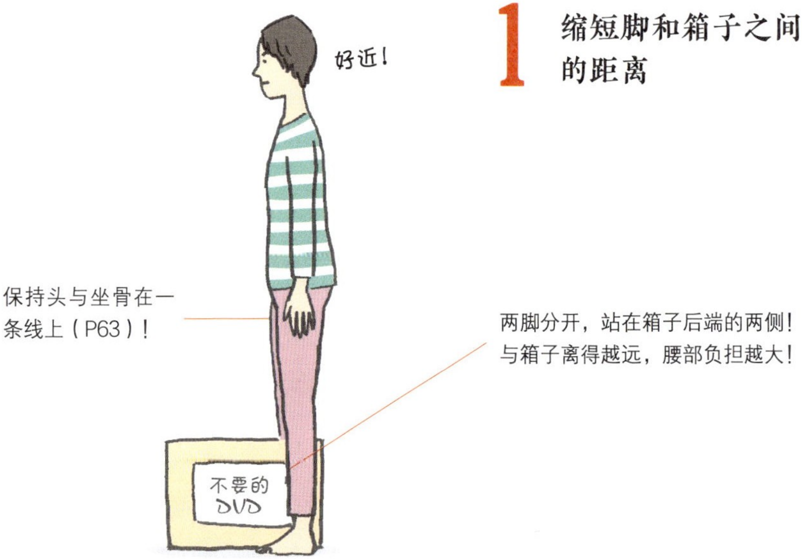

2 用“红唇肌”将臀部向后顶出去

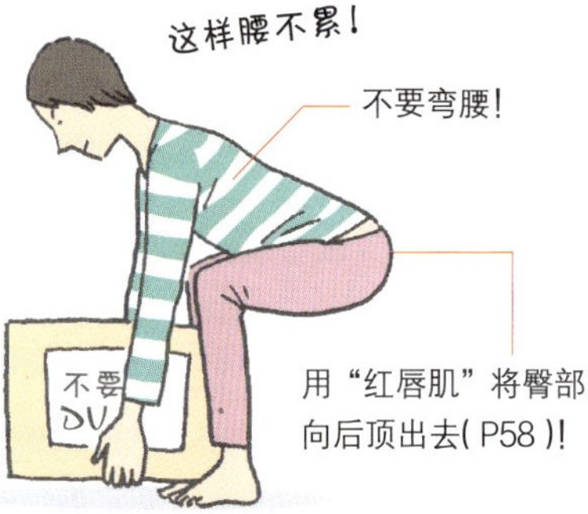

注意事项

双脚站在箱子旁，拉近身体与箱子的距离，这点非常重要。站好后，头与坐骨保持在一条线上，然后用“红唇肌”将臀部向后顶出去。这时也要注意头部与坐骨保持在一条直线上。双手抓住箱子后，按照“起立”中的做法向前站起。

洗脸

发生场景 早上起床后，晚上卸妆时

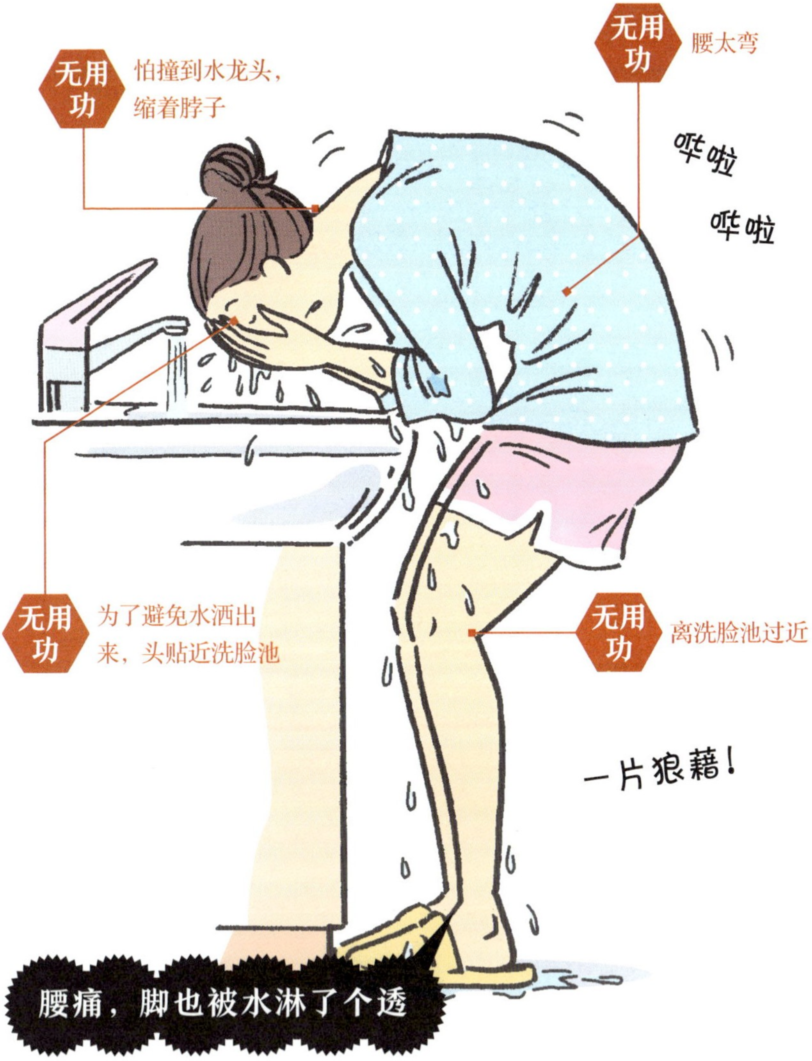

腰痛，脚也被水淋了个透

“洗脸池很小”这种想法会使人的身体不自觉地蜷缩起来。这会给腰部带来很多负担，头部和肩膀也无法舒展。为防止水溅出而离洗脸池过近，这样其实会产生反作用。

这样更轻松！ 和洗脸池保持适当距离，运用“红唇肌”

1 确认与洗脸池之间的距离

2 用“红唇肌”将臀部向后顶出去

注意事项

如果离洗脸池过近，身体就不得不弯得更低，因此请保持一个合适的距离。自然地保持从头部到坐骨的线条，用“红唇肌”将臀部顶出去。其实，洗脸池的空间足够大，因此不需要将头低得过低。这样既能减轻腰部负担，也能减少水花溅出。

低头玩手机

发生场景 家中、车里、办公室……各种空闲时间

不知不觉间脖子变得很痛

看手机屏幕时，头垂得太低，会使背部形成一条明显的弧线。头部的重量会直接带来负担，使头部和颈部更疲劳。此外，驼背还会压迫内脏，造成呼吸困难。

这样更轻松！ 保持头部放松，微收下巴！

1 调整基本姿势

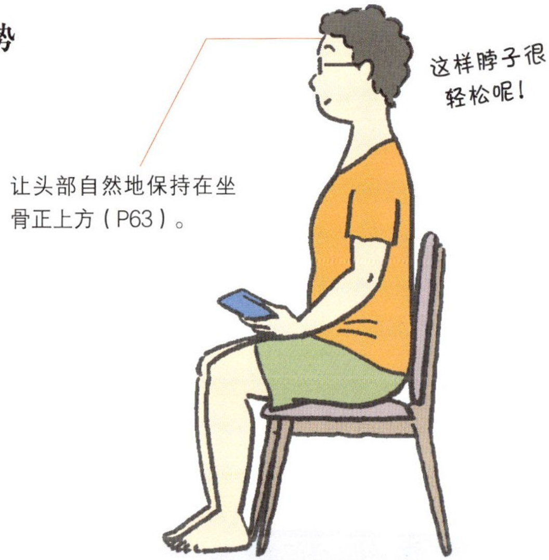

2 微收下巴，能看到手机屏幕即可

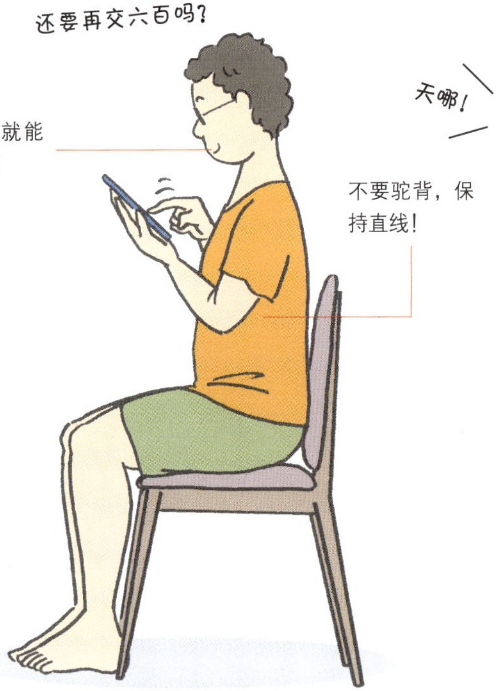

注意事项

使用手机时，不要驼背，让头部自然地保持在坐骨上方。微收下巴，能看到手机屏幕即可。其实，即使不低下头，也能看到手机屏幕，因此头部到坐骨仍然可以保持在一条直线上。这样，头部的重量不会带来负担，也不会造成颈部疼痛。

做饭

发生场景 在自家厨房做饭时、厨师工作时

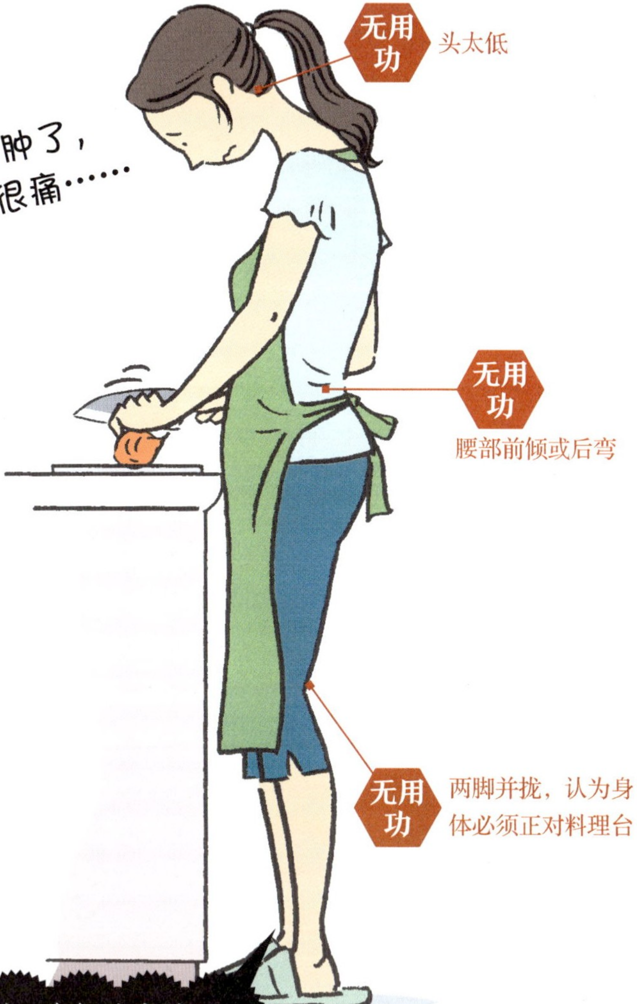

肩和腰都很累，有解决办法吗？

做饭时，常常会因为大脑集中于手上的活计，头不自觉地低下，腰部前倾或后弯，上半身蜷缩。同时，肩膀也容易不自觉耸起，因此肩膀和腰部容易感到疲劳。身体正对料理台，活动的空间有限，这也会加重身体的负担。

这样更轻松！

头部自然地保持在坐骨上方，确认料理台的空间大小

1 调整基本姿势

2 确认空间和距离，微收下巴

注意事项

头部自然地保持在坐骨上方，确认一下料理台的空间大小和距离。不需要低头弯腰，只要微收下巴，眼睛就能看到台面。如果在切菜时手肘施展不开，只需将惯用手同侧的脚稍微向后退，侧身面对台子，空间就变宽敞了。

晾衣服

发生场景 将洗干净的衣服挂到晾衣架上时

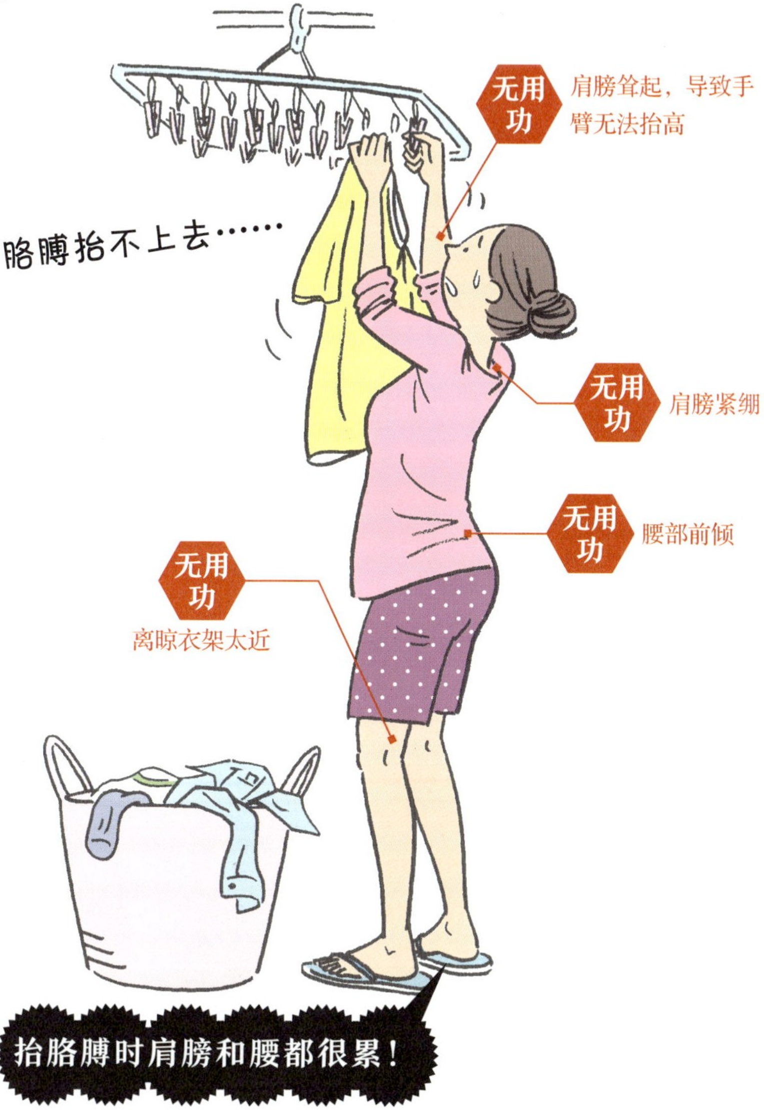

抬胳膊时肩膀和腰都很累！

耸肩缩颈、腰部前倾，背部反弓，这种状态会使背部肌肉紧张，手臂很难抬高。这种姿势就像开车时“一边踩着刹车一边启动”，会给身体造成很大的负担。

这样更轻松！

让胳膊从锁骨处抬起，腰部不要前倾！

1 从锁骨处运动胳膊

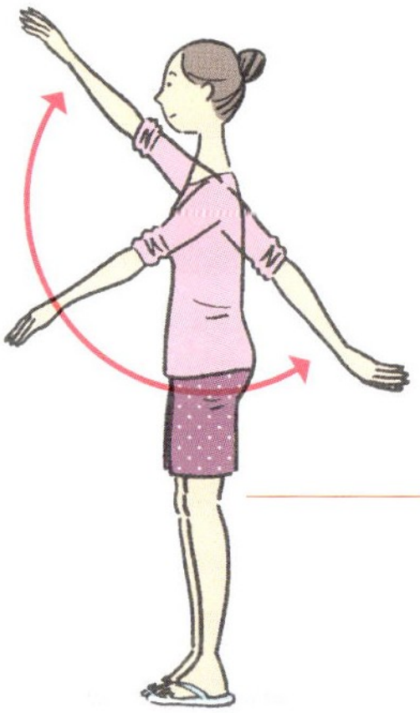

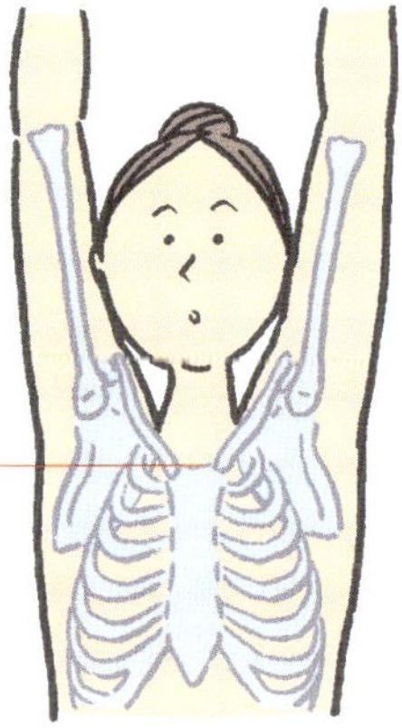

2 腰部不要向前挺，微抬下巴

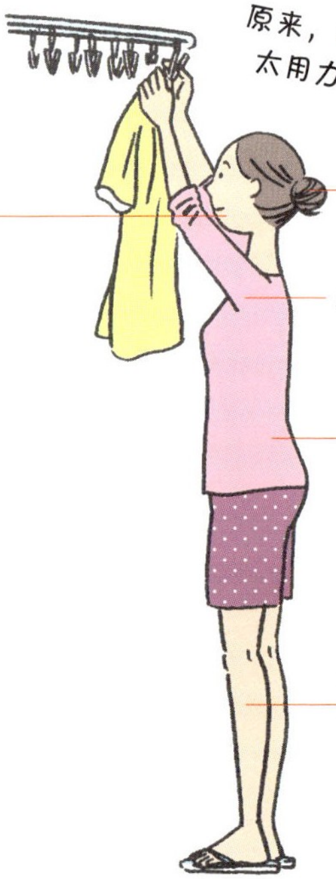

注意事项

头部自然地与坐骨保持在一条直线上，这样就能解决胳膊抬不高的困难。前后摇摆双臂，这时，胳膊是从锁骨处开始活动的，有助于举高胳膊。不要离衣服和晾衣架太近，这样只要轻轻抬起下巴就能看到晾衣架，也能避免腰部不自觉地向前挺，晾衣服时更加轻松。

吹头发

发生场景 洗完澡后

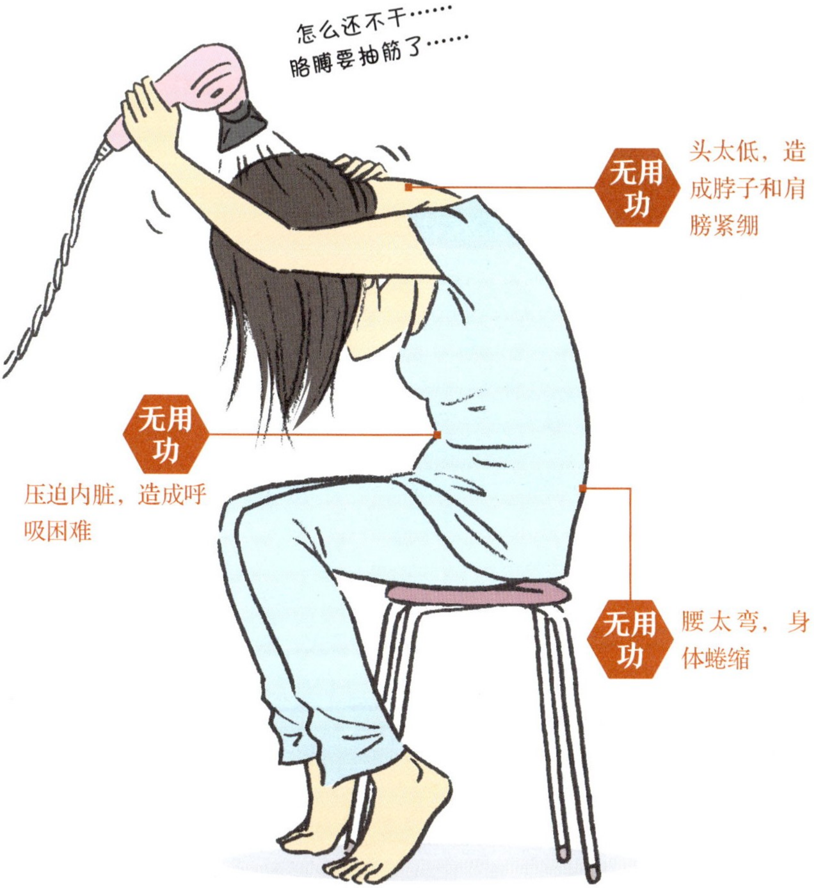

脖子快断了，胳膊和肩膀要抽筋了

吹头发时，为了头部完全处于吹风机下方，头往往容易过低，腰也过度弯曲。这种状态和“晾衣服”时的错误动作相同，反而会使身体无法自如地活动。头部的重量给身体带来很大的负担，明明刚洗完澡，却满身大汗。

这样更轻松！

前后摆动胳膊，然后抬起，微收下巴即可！

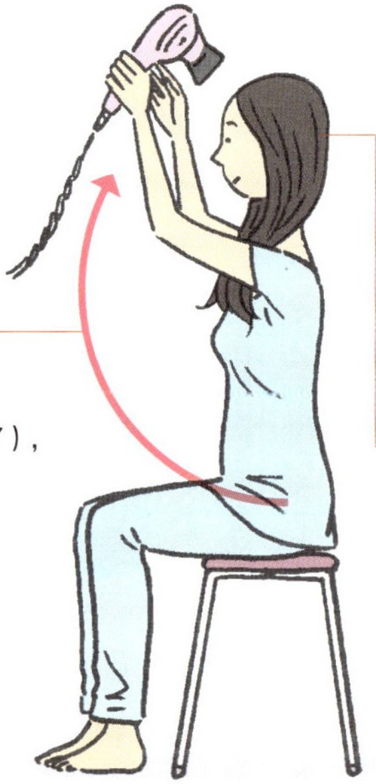

1 头部自然地保持在坐骨上方的位置，前后摆动胳膊

2 微收下巴

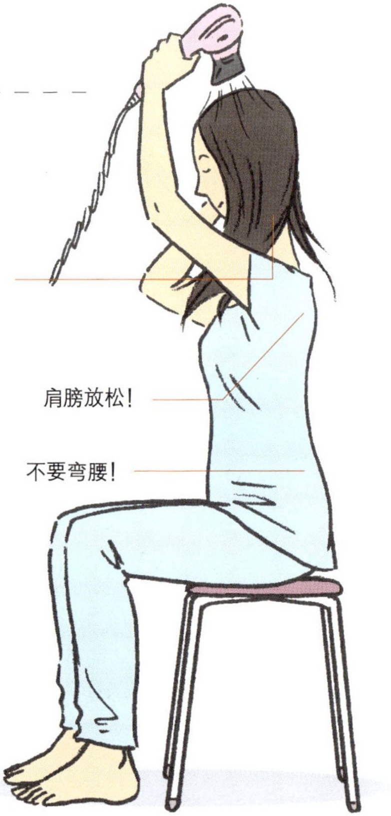

注意事项

和“晾衣服”时的正确姿势一样，首先，头部自然地保持在坐骨上方。前后摆动胳膊，然后抬起。从锁骨开始活动胳膊，这样能轻松抬高胳膊。不要弯腰，背部保持直立。然后微收下巴，这样吹头发，既方便也轻松。

搬被子

发生场景 起床后，将被子收起时；睡前从柜子中取出被子时

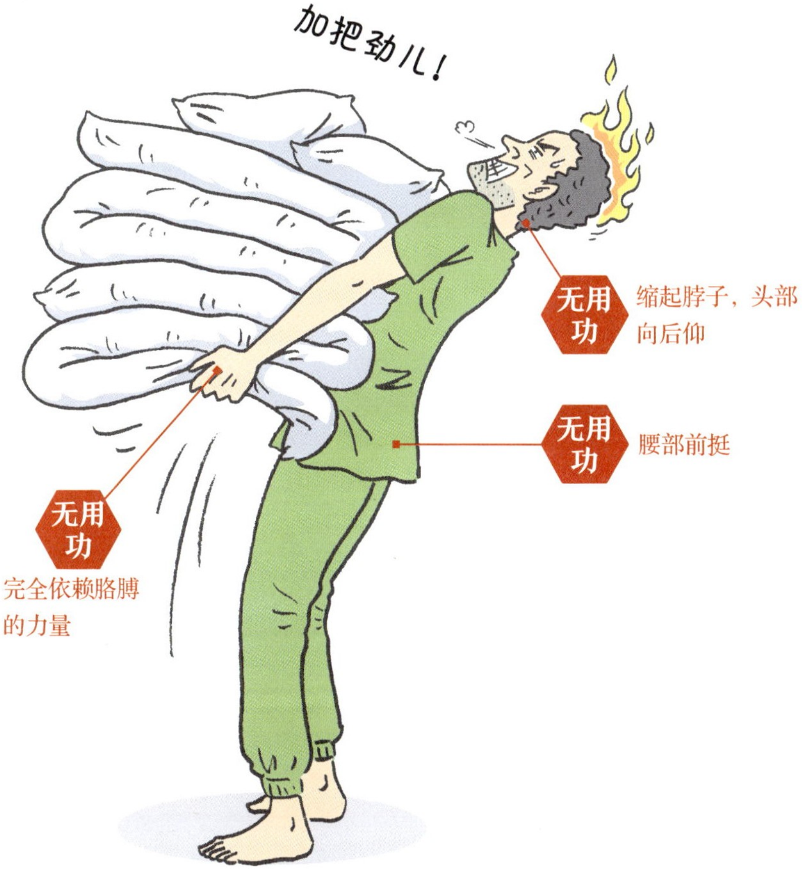

真不想把被子拿出来啊！

耸肩缩颈的状态会使胳膊难以发力，而搬被子的时候身体往往会下意识地依赖胳膊的力量。因此胳膊、肩膀和腰部都会感到疲劳。

这样更轻松！

组合技巧：“红唇肌”＋“摆动胳膊”

1 用“红唇肌”将臀部向后顶出去

2 微收下巴

注意事项

巧妙运用“搬重物”和“摆动胳膊”的技巧，就能轻松搬起被子。站在被子旁边，用“红唇肌”将臀部向后顶出去。然后用手抓住被子，朝前方站起身。如果要将被子抬得更高，请使用前后摆动胳膊的方式。

打开很重的门

发生场景 回家时，家中开着排气扇或开着窗

内外气压差导致门打不开……

当室内开着排气扇或窗户的时候，气压差会使门紧闭，难以打开。这时若仅靠胳膊的力量，是很难拉开门的。这种状态下，一方面身体使不出很大的力气，此外，也会使处于无意识状态的下半身失去平衡。

这样更轻松！

利用下半身产生的巨大力量！

1 在脑海中描绘力量传递的路径

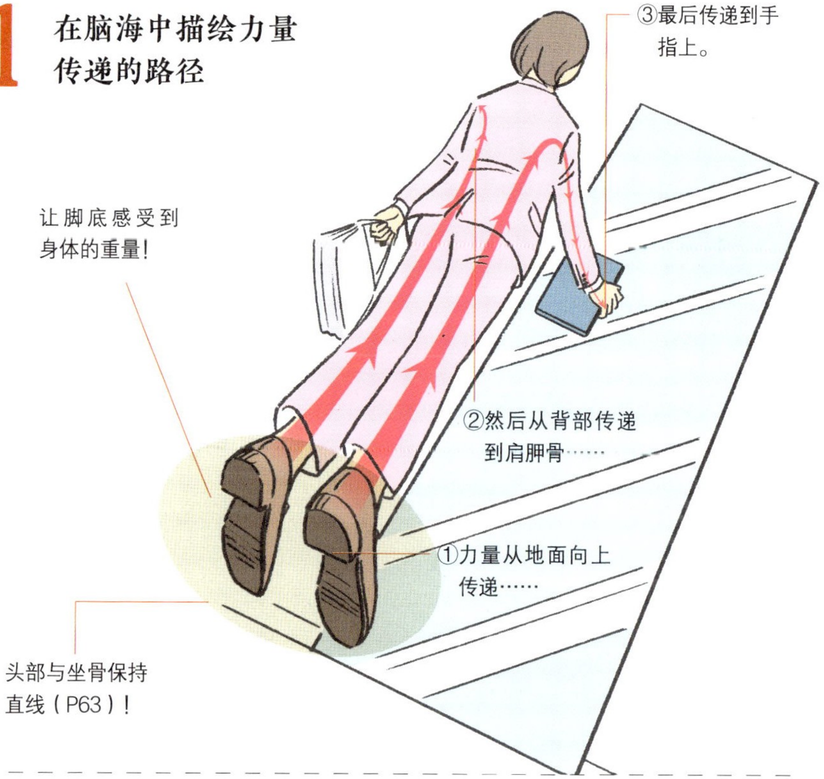

2 感受从地面传递上来的力量，与握着门把手的手同侧的脚向后退

注意事项

开门时，要从脚而不是从胳膊开始发力。让脚底感受到身体的重量，然后将力量从大腿内侧传递到腰部，再从肩胛骨传递到胳膊内侧，最后传递到手指上。抓住门把手后，与这只手同侧的脚向后退一步，侧身面对门，这样就能轻松打开。

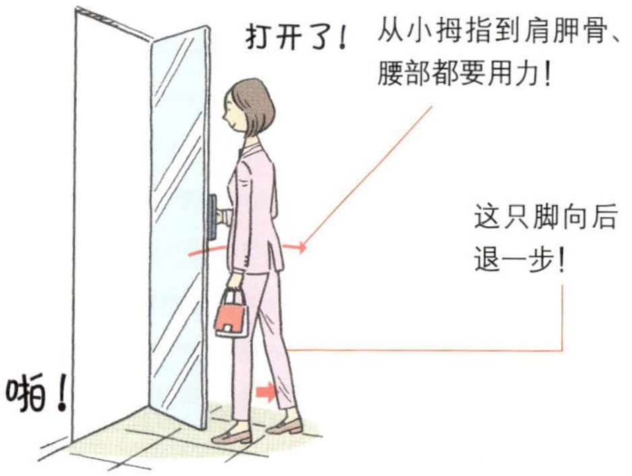

擦窗

发生场景 节假日或年底大扫除

第二天胸部和胳膊的肌肉酸痛……

仅靠胳膊的力量来擦窗，肩膀会因为用力而耸起，给胳膊、肩膀和胸部的肌肉带来负担，因此第二天常常肌肉酸痛。下半身则处于无意识状态，能产生的力量有限，这进一步加重了上半身的负担。

这样更轻松！

了解胳膊的构造，利用下肢力量。

1 了解胳膊的发力方向

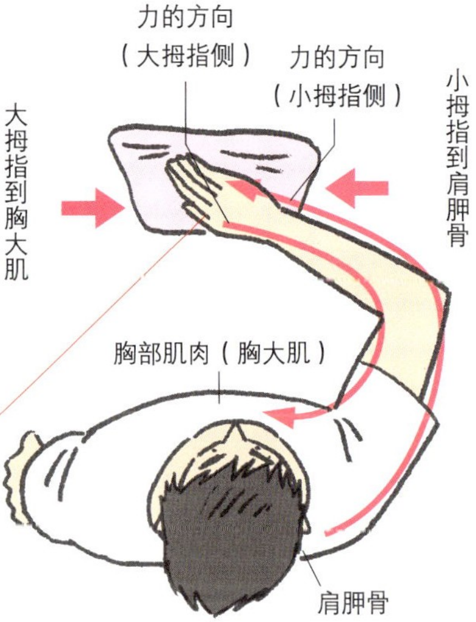

向内侧移动时，小拇指到肩胛骨一侧发力；向外侧移动时，大拇指到胸大肌一侧发力。

2 用脚转移身体重心

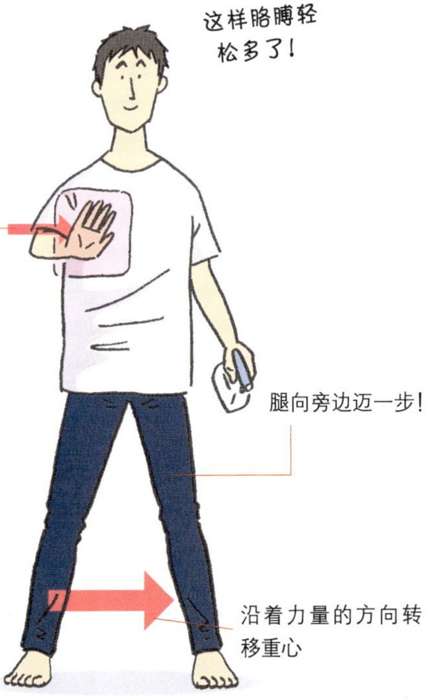

向内侧移动时，小拇指一侧发力！

注意事项

左右挥动胳膊，向内侧移动时，小拇指到肩胛骨一侧发力；向外侧移动时，大拇指到胸大肌一侧发力。请试着移动胳膊，体会这种感觉。然后利用下半身的力量，顺着发力的方向，向左或向右转移重心。脚不需要用力踩住地面。

擦地板

发生场景 节假日、年底大扫除时，把饮料洒到地板上时

辛辛苦苦地擦地……

大脑的精力全部集中在地板上，就无法很好地发挥身体的力量。仅靠胳膊的力量，维持匍匐在地上的姿势，会使身体更容易疲劳。这种状态下人常常会不自觉地缩颈耸肩，腰部拱起或前倾。

这样更轻松！

头自然面向前方，使用“重心转移”法

1 调整基本姿势

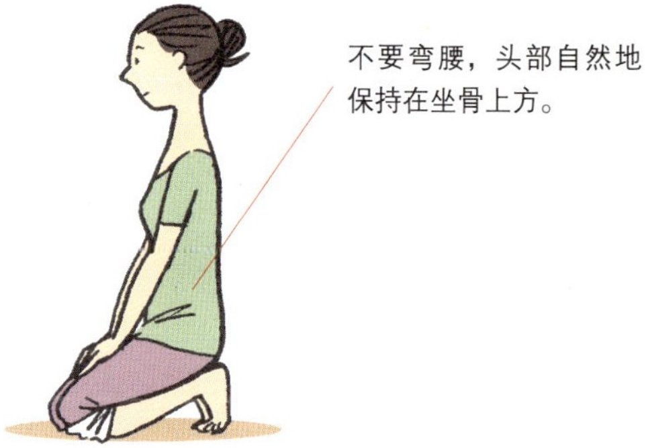

2 转移重心

注意事项

首先，头部自然地保持在坐骨上方。不要弯腰，上半身稍微向下倾斜，使胳膊能够到地板。前后擦拭时，通过伸展或弯曲膝盖来转移身体重心；左右擦拭时，通过两腿向左或向右打开来转移重心。这样会更加轻松。

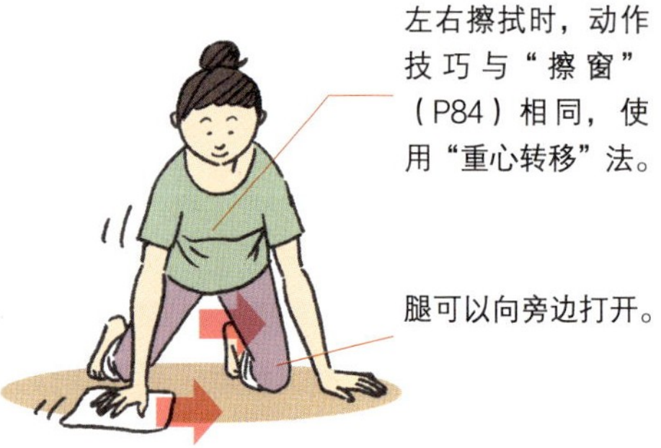

熨衣服&擦车

发生场景 晾完衣服后，天气好的休息日

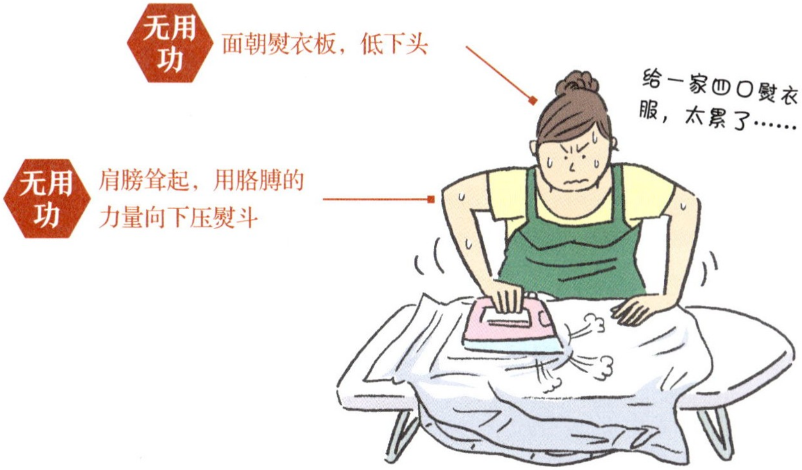

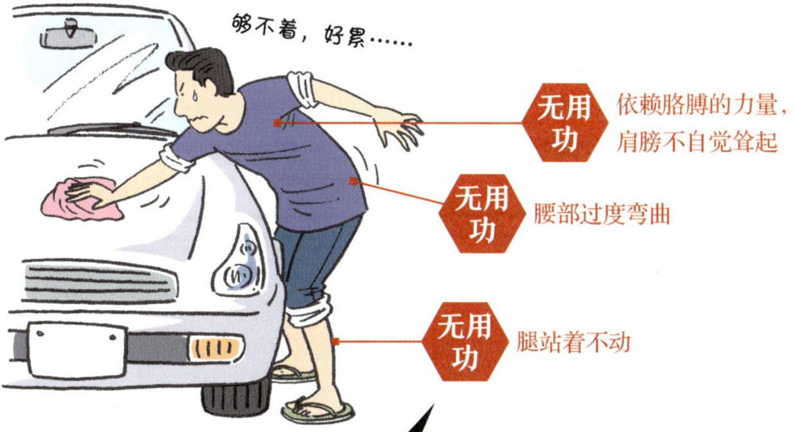

胳膊实在太累了……

和擦地板一样，熨衣服时，人的注意力往往全部集中在衣服上。这时，头常常不自觉地低得太低，给胳膊带来了更大负担。擦车也是如此。如果只靠胳膊的力量，会更容易疲劳。

这样更轻松！

转移身体重心，发挥下半身的力量！

1 和擦窗、擦地板时一样，运用“重心转移”法

四个基本姿势，记住啦！

首先，将头部保持在坐骨正上方（P63）。

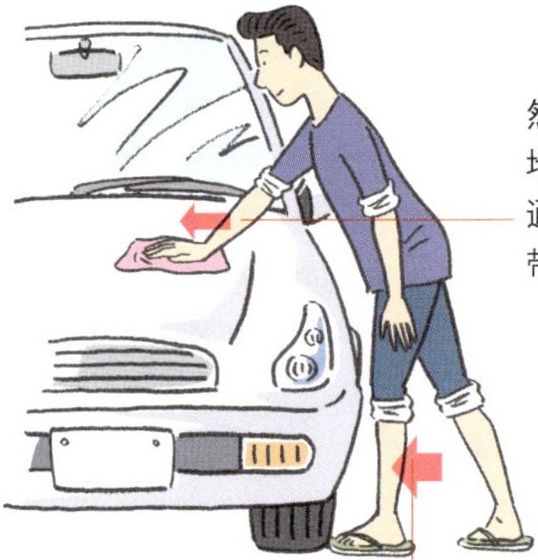

然后，和“擦窗”（P84）、“擦地板”（P86）时的技巧一样，通过移动下半身，转移重心，带动上半身移动。

脚可以向前迈一步！

记得前后移动下半身！

睡姿不舒服

发生场景 入睡时，因工作或生活中的问题而烦心

无论什么姿势都无法放松……

每个人的睡姿都不同，没有所谓的正确的睡姿。但是，不枕着用惯的枕头就睡不着、不是固定的姿势就睡不着之类的固有观念会徒增紧张感，反而使人难以入睡。

这样更轻松！

翻身的时候“拉伸一下身体”！

1 做好四个基本点，放松身体

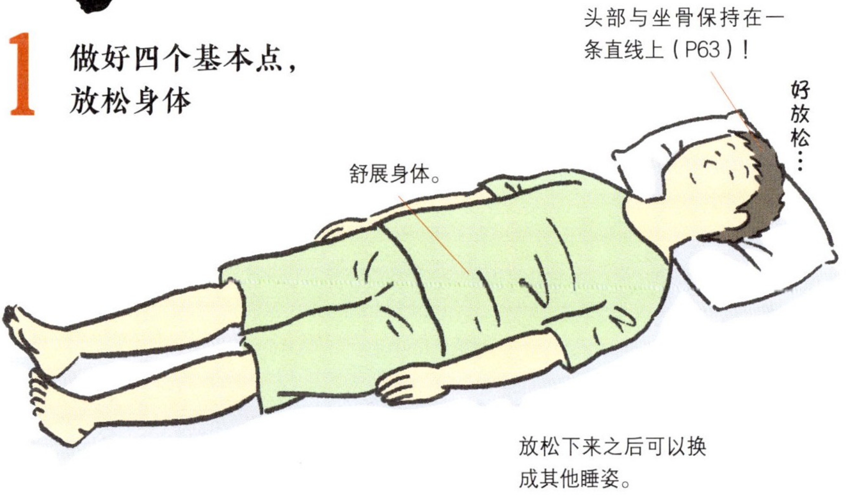

2 翻身前先拉伸一下身体会更放松！

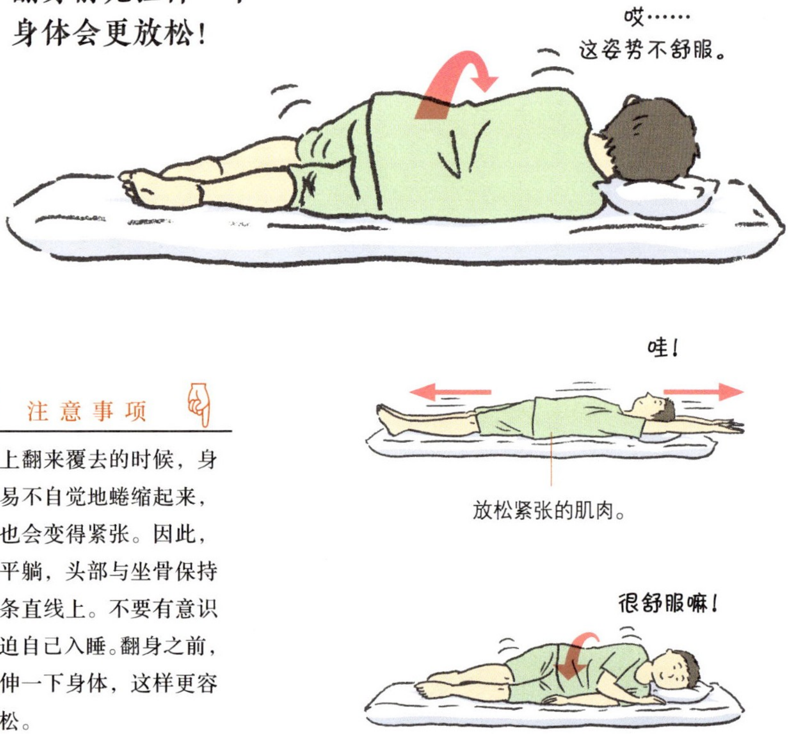

注意事项

在床上翻来覆去的时候，身体容易不自觉地蜷缩起来，肌肉也会变得紧张。因此，请先平躺，头部与坐骨保持在一条直线上。不要有意识地强迫自己入睡。翻身之前，先拉伸一下身体，这样更容易放松。

除草

发生场景 打理花园时，在居委会值日时

蹲下干活真的很累……

蹲着除草或者做其他工作时，脖子和腰部常常会很痛。主要原因是注意力全部集中在地面上，头不自觉地压得太低，腰也不得不跟着弯曲。这样一来，脖子和腰部会承受更多头部重量带来的负担。

这样更轻松！头自然面向前方，用“红唇肌”蹲下！

1 用“红唇肌”下蹲

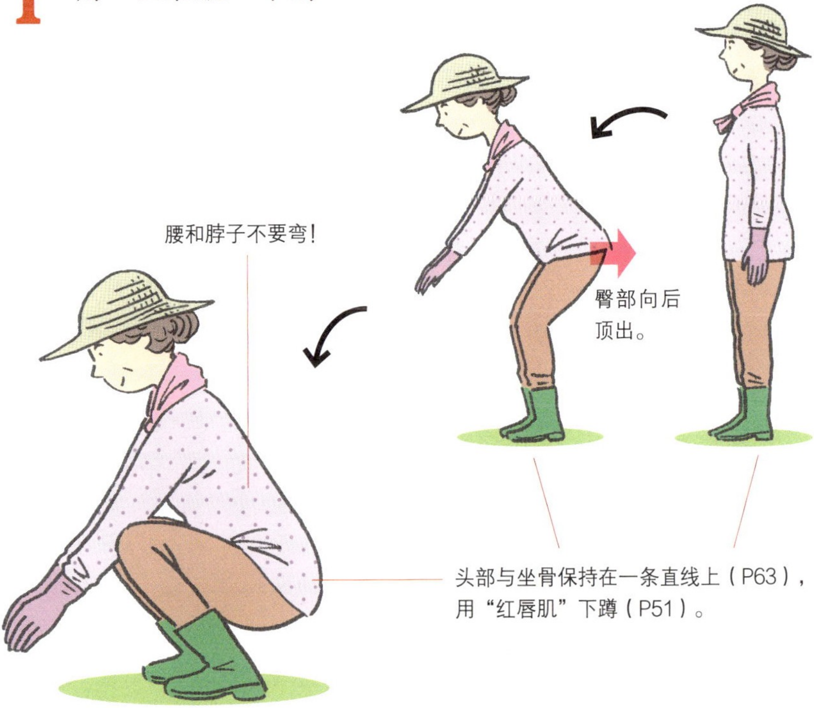

2 微收下巴

注意事项

蹲下前，先使头部和坐骨保持在一条直线上，然后动用“红唇肌”蹲下。注意保持头部到坐骨的线条。微收下巴，能看到草坪即可。蹲下后，头也不要太低，这样能减轻颈部和腰部的负担。

开瓶盖

发生场景 家人让你帮忙打开有一段时间没使用的调料瓶时

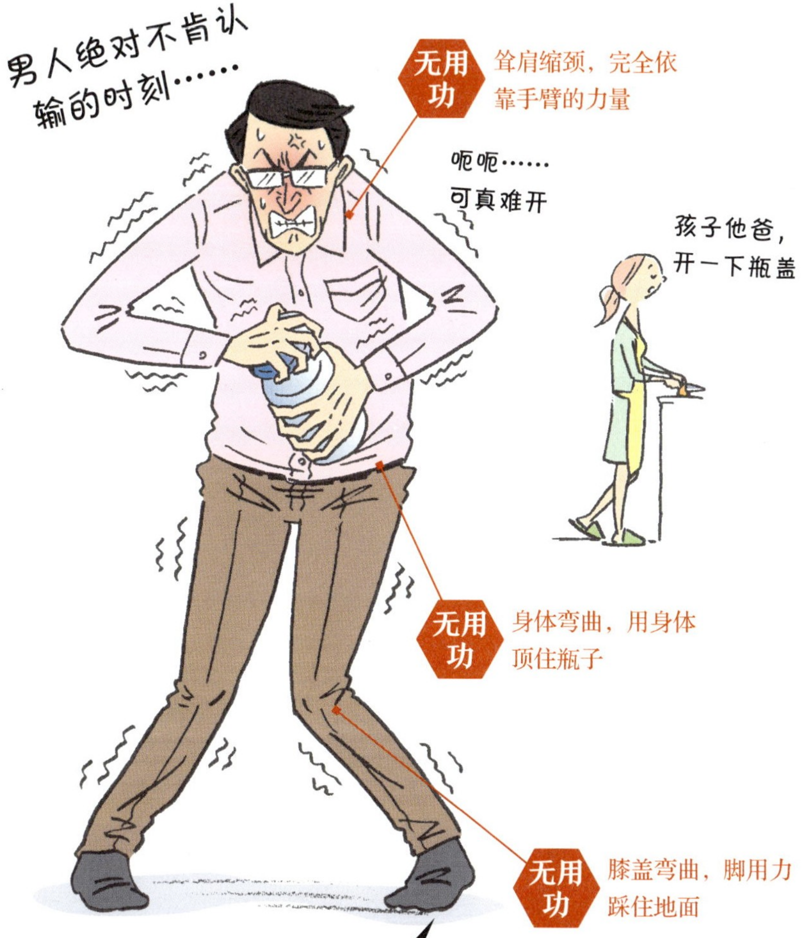

盖子太紧靠腕力打不开……

虽然许多瓶盖已经设计得更加人性化，但仍有不少瓶子的瓶盖很紧，有的瓶盖用尽腕力也打不开。这时注意力往往全集中在手腕上，反而不利于更好地发挥出力量。

这样更轻松！

将下半身的力量传递到小指上

1 摆好基本姿势，用脚底感受身体的重量

2 脚底的力量向肩胛骨和小拇指传递

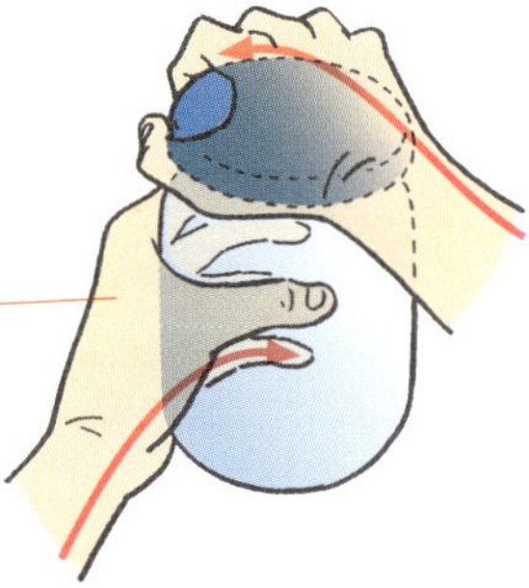

注意事项

调整体态，让头部与坐骨保持在一条直线上，使力量容易在体内传递。用脚底感受身体的重量，但不要用力踩住地面。两只手同时向内侧旋转，这样力量能够从下半身传递到肩胛骨和小拇指。动用肩胛骨的力量拧开瓶盖会更加轻松。

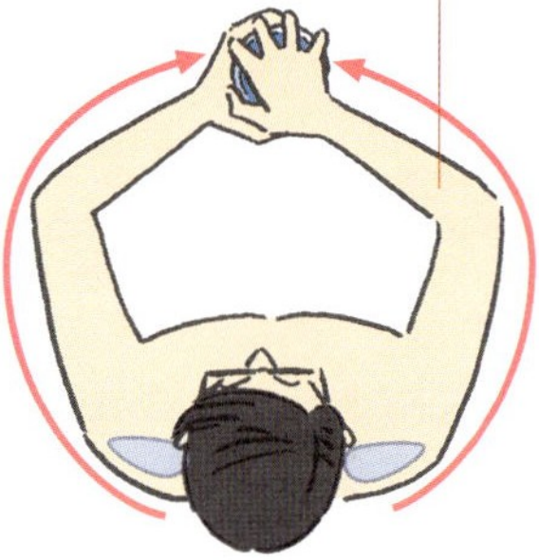

从晾晒的衣服下面钻过去

发生场景 门框上、室内晾着衣物时

在室内晾衣服带来的挑战……

为了不碰到晾晒的衣服，全身都会不自觉地蜷缩起来。像这样，在关节受到压迫、腰部负担很大的状态下，强行向前走，会耗费更多的力量。简直是一场挑战！

这样更轻松！

确认空间，横向穿过

1 目测高度，侧身钻过

2 动用“红唇肌”，一边将腰部沉下去，一边移动

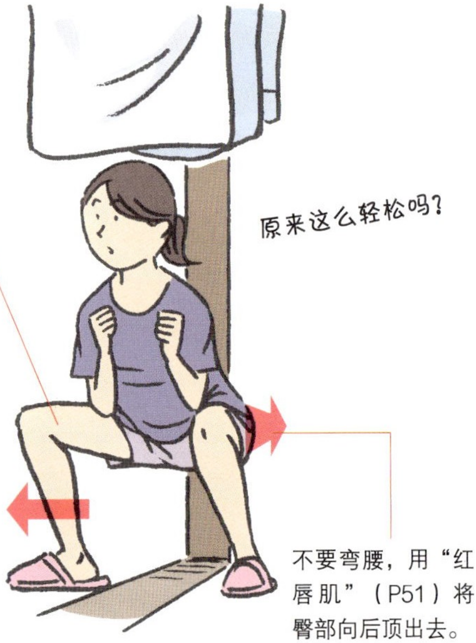

注意事项

先目测衣物下方的高度，然后侧身站在一旁。头部与坐骨保持在一条直线上，这样更容易移动。向侧方迈出一步的同时，启动“红唇肌”，让腰部下沉。保持头部到坐骨的线条，这样能减轻腰部负担。

使用吸尘器

发生场景 吸尘器吸力小或重量很重时

为了增强吸力，用尽浑身解数

当吸尘器吸力不足时，人们往往会不自觉地将头探得很低，用手臂的力量压住吸嘴，在地上来回摩擦。这或许会带来一种满足感，让我们以为靠自己的力量增强了吸尘器吸力，但代价是腰部负担增大，身体更容易疲劳。

这样更轻松！

不依赖腕力，使用“重心转移”法

1 调整基本姿势

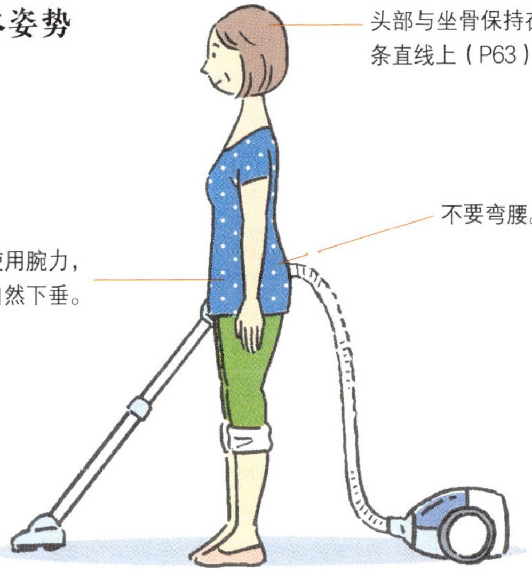

2 靠前后转移重心，给吸尘器施加力量

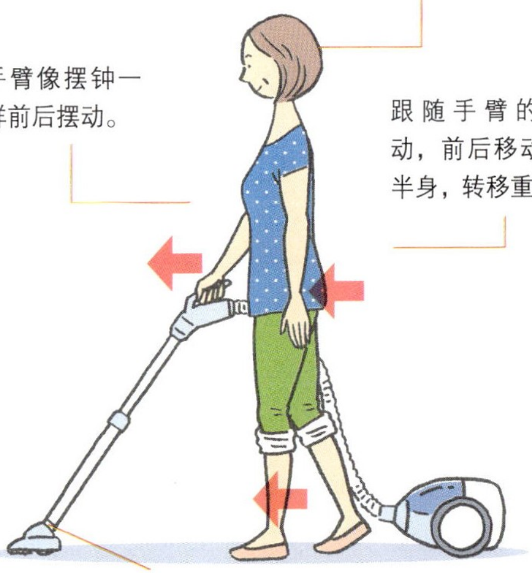

注意事项

新出的吸尘器性能大幅提升，因此不要担心吸力不够。首先，头部与坐骨保持在一条直线上，像钟摆一样前后摆动手臂，跟随手臂的摆动，交替支撑腿，转移身体重心。这样身体的所有部位都不需要用太大力气。使用立式吸尘器时也用同样的方法。

跨进浴缸

发生场景 泡澡时

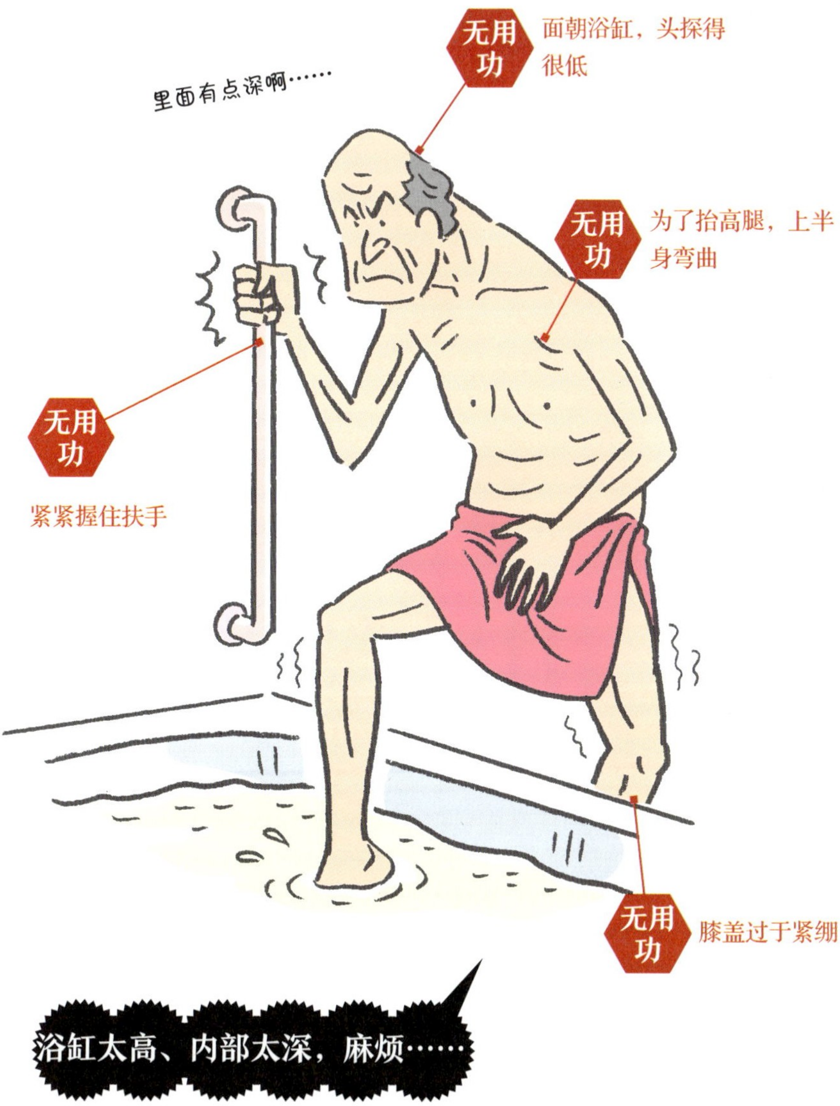

浴缸太高、内部太深，麻烦……

受浴缸边缘高度的影响，腿常常会下意识地抬得很高，脖子和腰部也会不自觉弯曲。浴缸内侧比外侧更深，会给支撑腿带来很大负担。过于用力会导致身体更加紧绷，动作也会变得不灵活，更容易感到疲劳！

这样更轻松！

迈入浴缸时，轻轻弯曲支撑腿的膝盖

1 摆好基本姿势，抬起一条腿，高度超过浴缸边缘即可

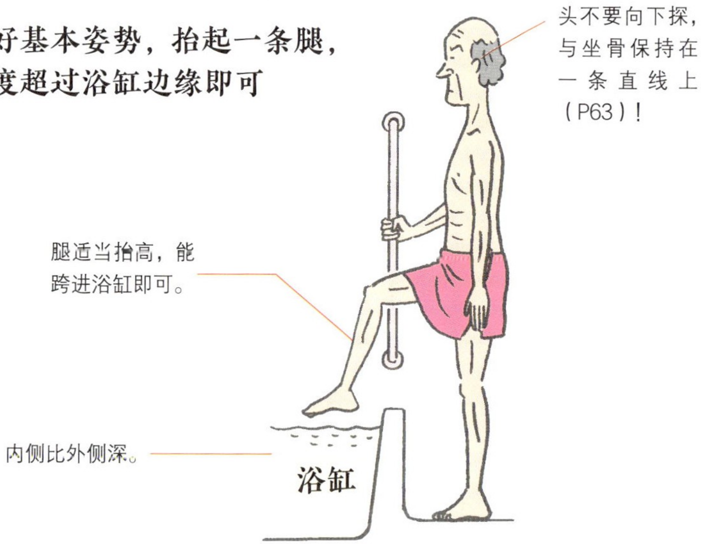

2 弯曲支撑腿的膝盖，然后迈入浴缸

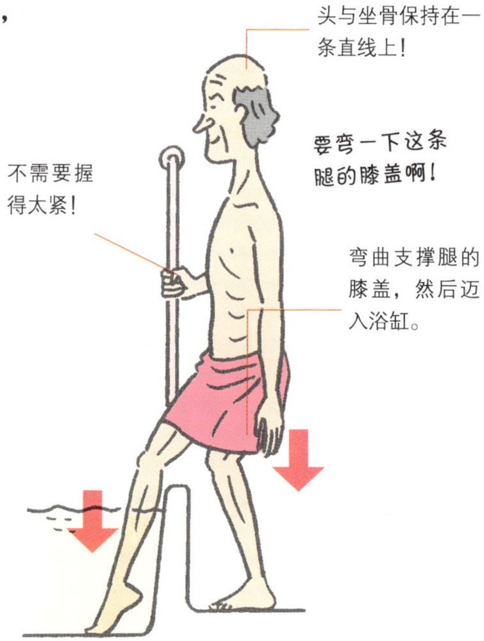

注意事项

请记住，迈入浴缸时，基本只需要活动腿部，头部不需要活动。因此，头部与坐骨保持在一条直线上，适当抬腿，高度超过浴缸边缘即可。如果浴缸内侧比外侧深，那么可以弯曲支撑腿的膝盖，降低身高，这样更容易迈入浴缸。

在运动会的赛场上重重摔倒的父亲们

在孩子的运动会上，常有参加比赛的家长重重地摔倒在跑道上。遇到这种情况，我们往往会将原因归结于“身体跟不上脑子了”，但究竟是怎么一回事呢？

实际上，如果你一个月没有进行某项运动，脑子就会完全忘记它。这里我们所说的“忘记”，指的是“变得不熟练”。脑子忘记了年轻时巅峰期的运动状态，因此才会发生身体反应不过来而摔倒的情况。

那么，如何才能避免摔倒？答案很简单。只要按照符合现在运动能力的方式来练习就行了。

如果不能一下子发挥出百分之百的能力，那就从百分之五十开始一点点找回感觉。例如，不知道腿能抬多高，就先利用楼梯一阶一阶地尝试关节的运动幅度。此外，还要注意节奏。即使脑子里运动的节奏很快，但身体跟不上的话，也会摔倒。比赛前，先在原地做做快速交替抬腿的动作，对自己的速度极限，做到心中有数。

心肺功能或许比肌肉力量更容易衰退。如果对心肺功能没有信心的话，请用全力连续做三十秒跳跃动作，以了解自己的体能情况。只要重复几遍这套动作，就能获得直观感受了。

总而言之，如果不是长期运动、练习，是不可能维持巅峰状态的。为了避免摔倒、受伤，运动之前请先确认一下自己的身体情况，不要贸然做超过自身体能的高强度运动。

第3章

将外出时的“疲劳”变“轻松”

应对出门在外时的各种情况！将“疲劳”变“轻松”的方法！

出门在外，无法避免产生疲劳感。

不仅如此，因为活动范围变广，**使人疲劳的场景变得更多，给身体带来的负担也更大。**

提着很重的包上下楼梯、在下雪后湿滑的马路上行走……**很多动作虽然让人疲劳，但又无计可施，只能默默忍受。**

在上一章中，我们列举了一些家中的场景。本章，我们将列举一些出门在外时会遇到的情况。

将这些“令人疲劳的动作”变轻松的四个基本点，与上一章一样。**“坐骨位于大腿之间”“脊柱位于腹部中央”“食道紧挨着颈骨”“头部自然地与坐骨保持在一条直线上”**，没有忘记它们吧？这四个基本点在所有动作中都是通用的。

对于生活中产生的疲劳感，我们并非束手无策。只要学会避免在无意识中产生“无用功”，掌握不易劳累的动作方法，就会使身体更轻松、更有活力。

让日常生活变轻松的四个基本点

基本点 1 坐骨位于大腿之间

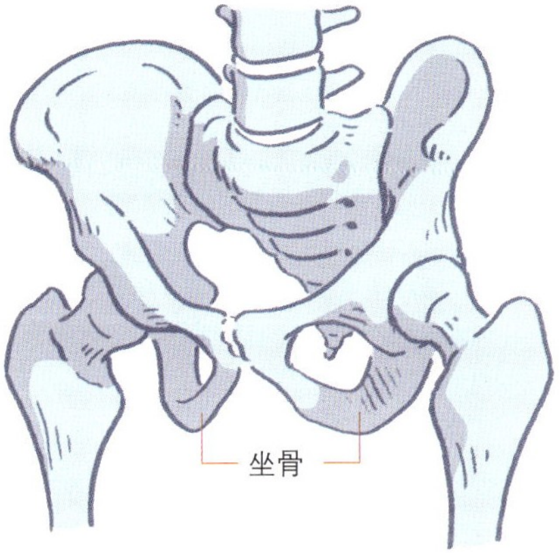

☞P60

基本点 2 脊柱位于腹部中央

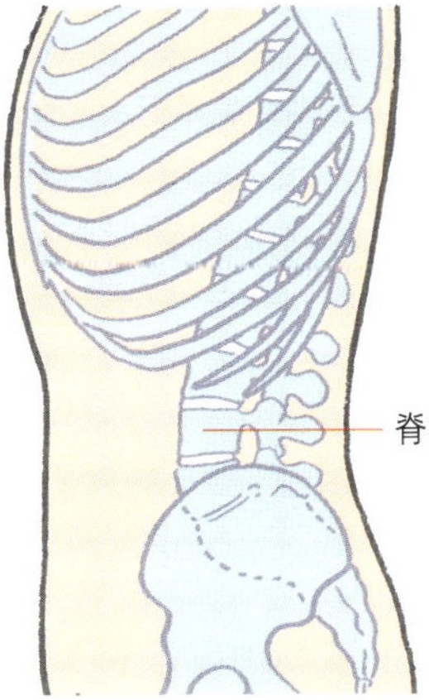

☞P61

基本点 3 食道紧挨着颈骨

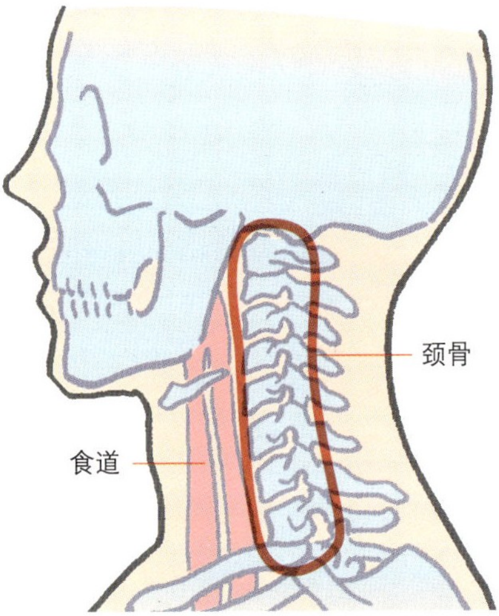

☞P62

基本点 4 头部自然地保持在坐骨正上方

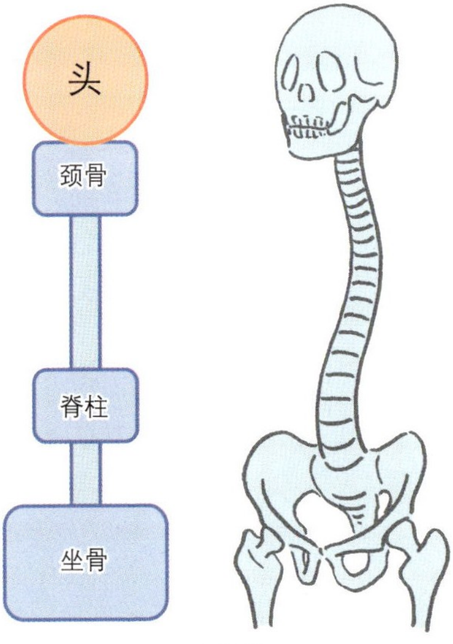

☞P63

上楼梯

发生场景 上下班途中，电梯检修时

爬楼梯时累得喘不上气……

上楼梯时，身体的移动方向是向斜上方。但是，人们的视线常常会不自觉地落在脚尖，注意力集中在下方。如果上楼梯时脚步过重，用力的方向就会偏离身体移动的方向，给身体带来更大负担。

这样更轻松！不要向下看！眼睛望着斜上方

1 调整基本姿势，头部自然地与坐骨保持在一条直线上

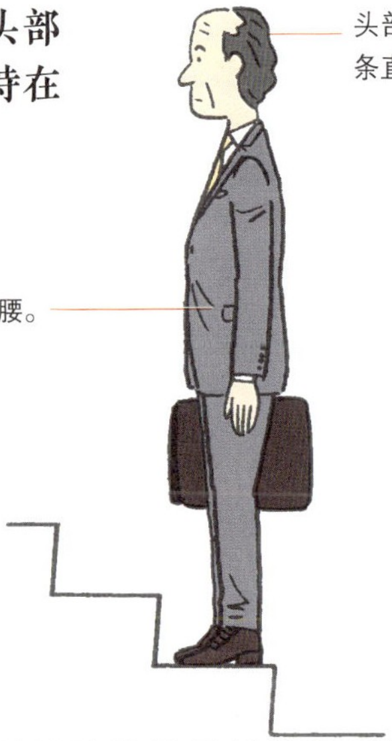

2 看向斜上方的目的地

注意事项

首先，调整站姿，使头部自然地与坐骨保持在一条直线上。然后微微抬起下巴，眼睛看向楼梯上面的目的地。记住，身体应该向斜上方移动。上楼梯时，要轻轻落脚。减少对脚下的注意力，这样有助于减少疲劳感。

下楼梯

发生场景 上下班途中，电梯检修时

下楼梯时，大腿负担很重

因为目的地在斜下方，注意力往往容易集中在脚下，但这样会给腿部带来更大的冲击力。下楼梯用到的是腿，但如果头也跟着低下，会给身体带来比体重更重的负担。其表现之一就是脚步声过大。

这样更轻松！

眼睛看向楼梯下方，放轻脚步下楼

1 头部自然地与坐骨保持在一条直线上，眼睛看向目的地

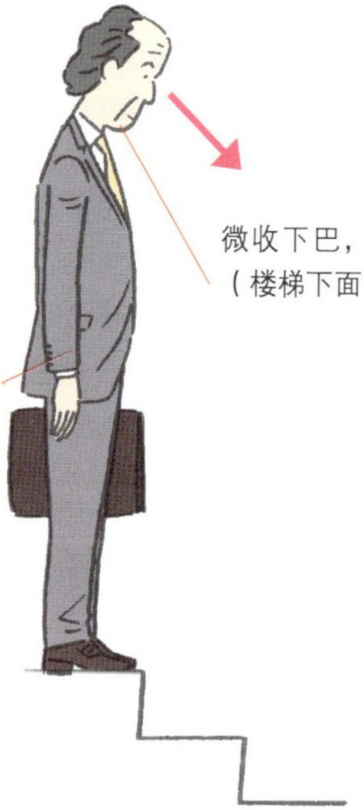

2 弯曲后腿的膝盖，降低高度差，放轻脚步下楼

注意事项

首先，让头部与坐骨保持在一条直线上，身体不要前倾，自然站立。下楼梯时，如果过于向下用力，那么会给身体带来更大负担。因此身体不要前倾，眼睛看着楼梯下面即可。如果台阶高度很高，可以弯曲后腿的膝盖，降低高度差，这样就能轻松下楼了。

在路上系鞋带

发生场景 走在路上，鞋带散开时

生气，怎么这时候开了……

走在人群中，鞋带突然开了，这会让人感到烦躁、不好意思。系鞋带时，注意力全部集中在脚上，头会不自觉地低下，耸肩弯腰，缩成一团，给腰部带来很大负担。

这样更轻松！ 动用“红唇肌”，优雅地系鞋带

1 头部自然地与坐骨保持在一条直线上，然后蹲下

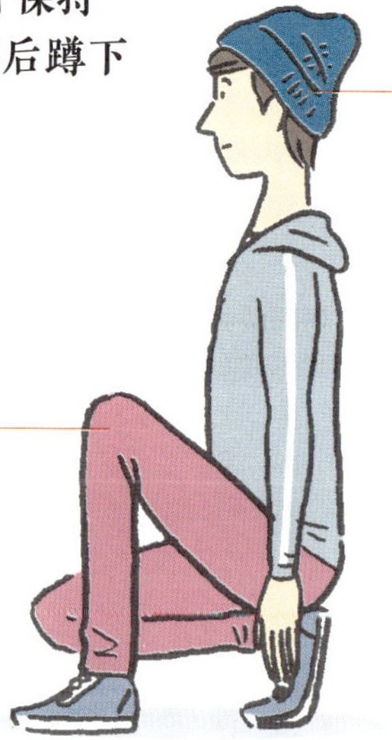

2 动用“红唇肌”，让上半身前倾

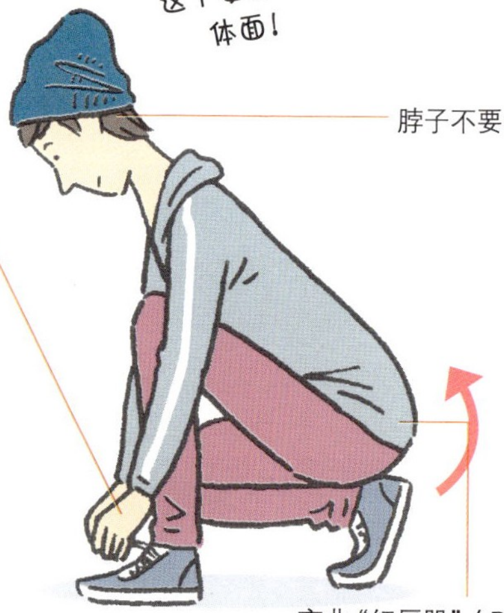

注意事项

头部自然地与坐骨保持在一条直线上，弯曲“红唇肌”，然后蹲下。上半身前倾，手能够到鞋带即可。在此过程中不要弯腰，保持头部到坐骨的线条。然后微收下巴，视线投向鞋带的方向。这样就能减轻腰部的负担。

提重物

发生场景 买菜时、外出旅行提着很重的行李时

早知道不买这么多了……

因为一时头脑发热，买了太多东西，购物袋十分沉重。为了把它提回家，手臂拼尽全力，肩膀也跟着耸起，身体向另一侧倾斜，全身的肌肉紧绷着，连脚掌都很用力。购物一时爽，提回家时却让人后悔不已。

这样更轻松！

用“胸部”拎起重物

1 调整基本姿势，头部自然地与坐骨保持在一条直线上

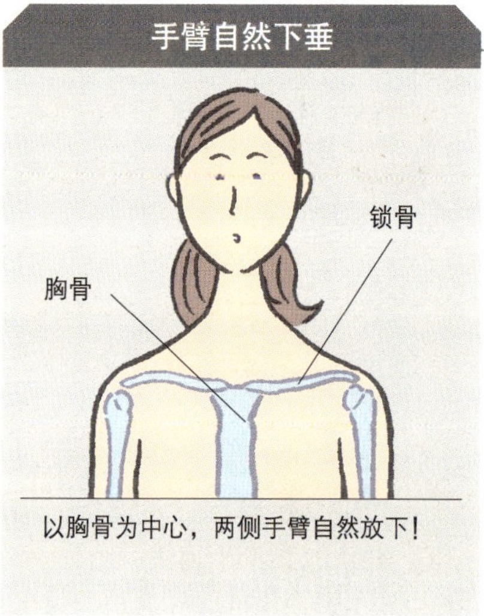

2 靠胸骨的力量拎起重物

注意事项

首先要改变观念，不要依靠手臂的力量提起重物。调整姿势，头部自然地与坐骨保持在一条直线上。请记住，手臂与胸骨相连。将手臂想象成两条绑在胸骨两端的绳子，手就是绳子尾端的钩子。在脑海中想象用钩子钩起购物袋的感觉，提起袋子。这样，胸骨就承担了购物袋的重量，脊柱能够给它强有力的支撑，身体会更加轻松！

在影院久坐

发生场景 在电影院观看两个半小时以上的长篇电影时

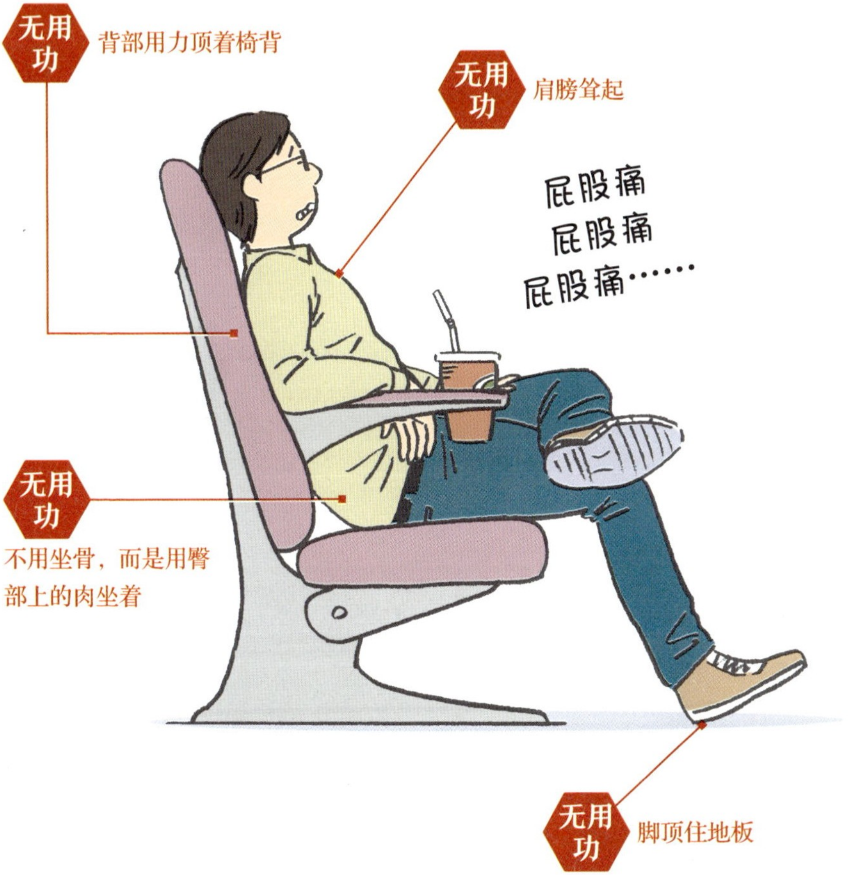

动来动去屁股还是很痛……

在电影院久坐时，背部常常会不自觉地用力顶住椅背。因此，为了不让屁股滑下去，必须用屁股上的肌肉顶住座位，时间长了自然会很疼。此外，背部弓起的姿势会压迫内脏，造成负担。

这样更轻松！

用坐骨坐在椅子上！

1 坐骨靠到椅子的最深处

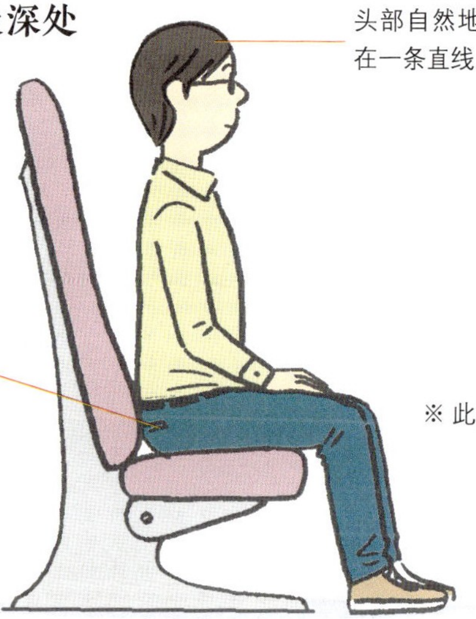

2 靠在椅背上，但不要用力抵住椅背

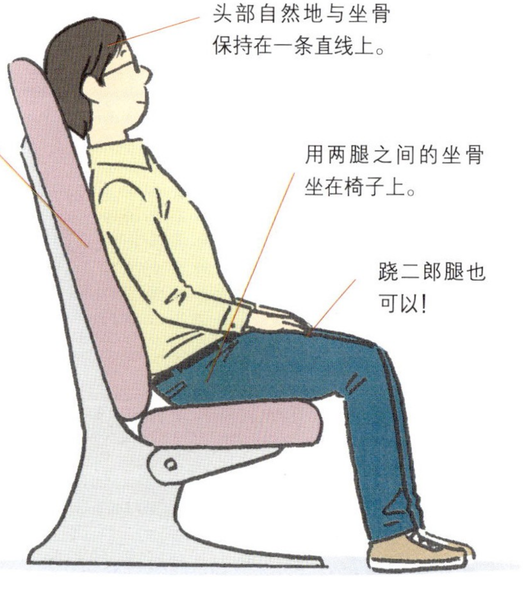

注意事项

臀部上的肉不是坐垫。请改变观念，记住我们应该用两腿之间的坐骨来坐。首先，将头部自然地与坐骨保持在一条直线上，将坐骨靠到椅子最后端。上半身靠在椅背上，但不要用力抵住椅背。不要含胸驼背，这样呼吸会更加顺畅。

看演唱会时久站

发生场景 在演唱会、音乐节上；长时间站着工作时

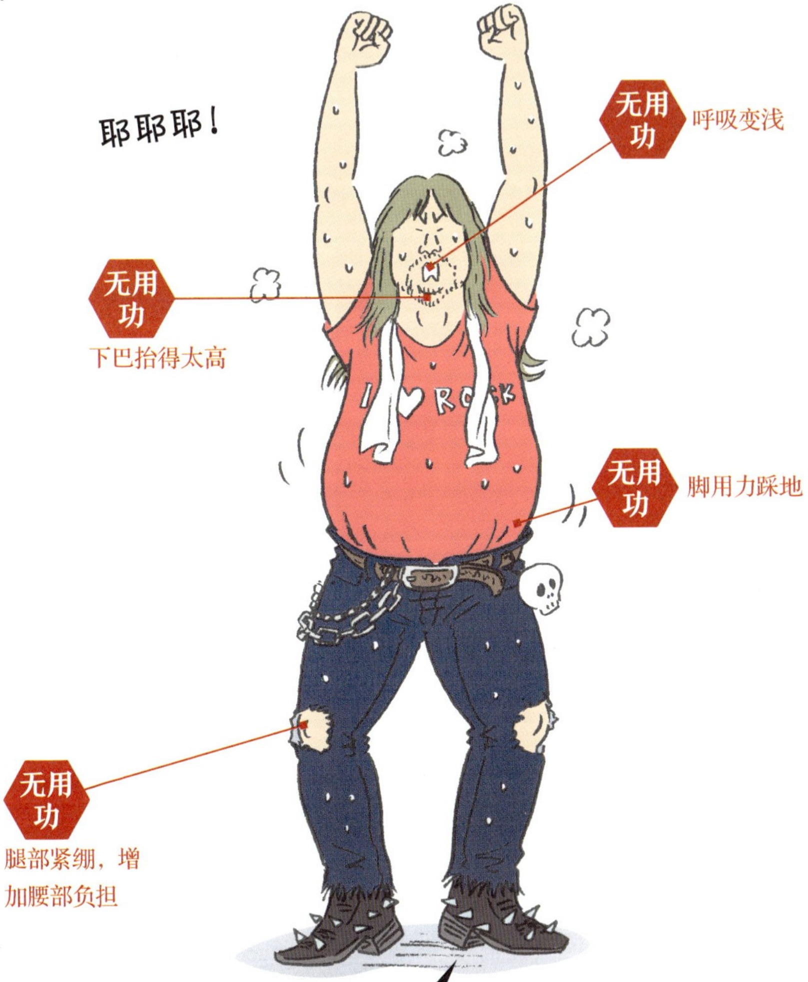

太累了，好想坐下……

长时间站立，腿部和脚部肌肉都容易过度紧绷。这会给腰部带来更大负担，下半身血液循环不畅，造成疲劳。此外，呼吸也会在无意识中变浅，吸入的氧气不足，进一步加重疲劳感。

这样更**轻松！**

深呼吸，然后踮踮脚，放松肌肉

1 头部自然地与坐骨保持在一条直线上，持续呼吸

2 活动小腿肚的肌肉

注意事项

为了避免腰部疼痛，首先要调整姿势，使头部自然地与坐骨保持在一条直线上，用鼻子深吸气，吸入足够的氧气，这样有助于放松身体。不时地活动一下小腿肚的肌肉，通过踮脚、跺脚促进血液循环。

站在摇晃的地铁上

发生场景 上下班时；回家路上

腿很用力却还是站不稳……

坐地铁时，如果找不到吊环，那真的会很累。无论腿部多么用力，也只能起到反效果，怎么都站不稳。不仅是膝盖、脚腕和髋关节，上半身也会变得很僵硬，这种状态下，身体无法灵活地保持平衡。

这样更轻松！

不要用力踩住地面！让身体随着地铁摇晃

1 调整基本姿势

人体是为了“活动”而设计的

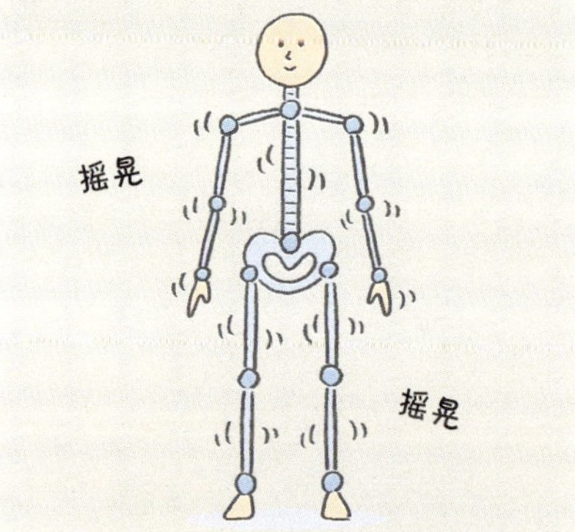

保持固定、静止的状态反而困难。
关节在晃动的时候最稳定。

注意事项

人体的关节是为了“活动”而设计的，固定住某个部位的关节，反而会破坏身体的联动性。头部自然地与坐骨保持在一条直线上，依靠关节自身的平衡功能，反而更容易保持稳定。即使是在人满为患的电车上，也应当顺着力的方向摇晃，这样既稳定又省力！

人满为患的地铁上

顺着力的方向，这样更加稳定！

下车

发生场景 从出租车或轿车上下来时

车顶太低，在狭窄空间移动真累

轿车的车顶较低，容易让人感到拘束。下车时，因为怕撞到车顶，往往低头、弯腰、驼背。这种状态反而会压迫关节，导致活动困难，给身体带来额外的负担。

这样更轻松！

脚先出去，再起身！

1 确认出入口的空间大小

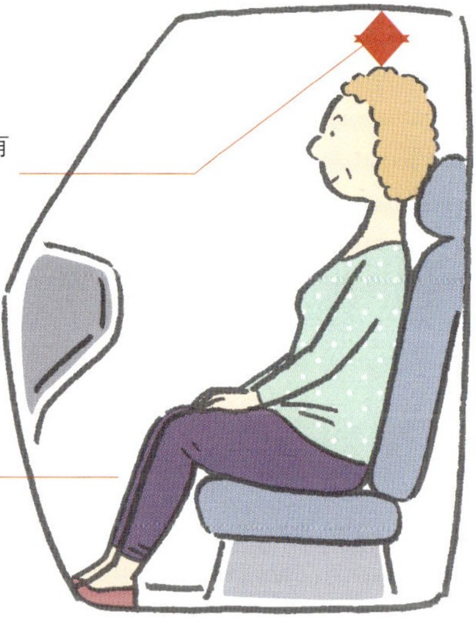

头顶到车顶还有一段距离！

在这么大的空间内，不需要缩起身体。

2 将身体转向下车的方向，然后先把腿放下去

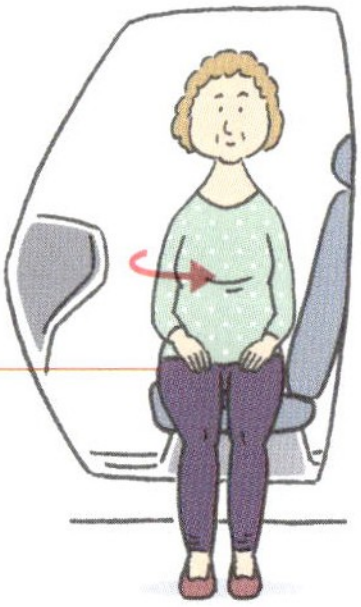

将身体转向下车的方向，然后把腿先放下去！

注意事项

一般来说，头顶到车顶是有一定距离的。脚着地前就试图站起身，才会导致头撞到车顶。如果按步骤一步一步进行，是非常轻松的。首先，头部自然地与坐骨保持在一条直线上（P63），然后将身体转向下车的方向，将脚放下；最后朝前方站起。

这样很轻松呢！

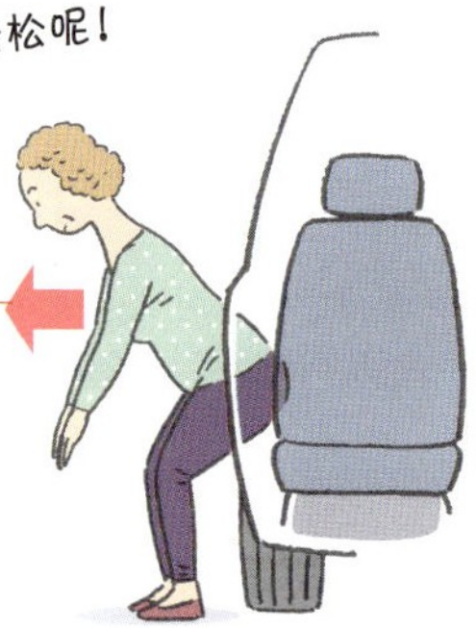

然后按照 P51 讲的方法站起来。

从出租车内侧的座位上下车

发生场景 从出租车或轿车上下来时

不喜欢坐在里面……

坐在出租车里侧的座位上时，下车非常麻烦。一边注意不要撞到车顶，一边向外挪动身体，还要跨过脚下的突起。这时身体往往会不自觉地蜷缩起来，压迫关节，使移动更加困难。

这样更轻松！ 旋转身体，向出口移动！

1 先旋转腿，再旋转坐骨，按照这一顺序向外侧移动

头部自然地与坐骨保持在一条直线上（P63），将下半身旋转至外侧。

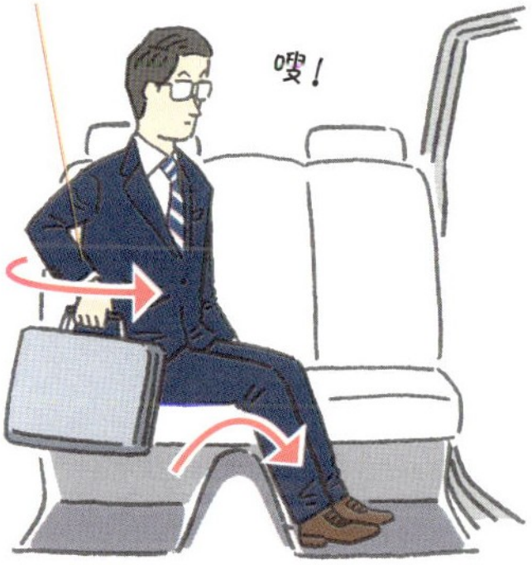

然后将臀部挪动到外侧。

2 按照“下车”中所讲的要领，从车上下来

参考 P121，将身体转向下车的方向，先把腿放下去，然后朝前方站起。

注意事项

头顶到车顶有一定距离，因此请注意让头部和坐骨保持在一条直线上。如果同时进行所有动作，会加重身体负担，因此请分步进行：先将腿部挪至外侧，挪动臀部，让上半身移动至外侧；然后按照“下车”中所讲的技巧从车中出来即可。

骑着自行车上坡

发生场景 骑自行车时，特别是在河流附近多陡坡的路段

想骑上去，可是太累了……

骑着自行车爬上陡坡时，大腿往往会承担极大的负担。身体向前低低地弯着，脚拼命地蹬着踏板。这种姿势会压制关节，所有的负担都集中在大腿上，导致身体筋疲力尽，不得不下车推着走上去。

这样更轻松！蹬踏板时，身体向斜上方伸展

1 头部自然地与坐骨保持在一条直线上

2 从腹部开始用力，将腿向下压，身体向目的地（斜上方）挺起

注意事项

头部自然地与坐骨保持在一条直线上，这样不会压迫关节。腹部发力，向下踩踏板，同时，上半身向斜上方挺起。踩踏板时，不要用脚后跟，用前脚掌更省力。

在雪后湿滑的路面上行走

发生场景 下了一夜的雪，早晨上班时

害怕滑倒，提心吊胆……

不习惯在雪后的路面上行走的人，一般会提心吊胆、提高警惕。这种心理状态会使人不自觉地缩起脖子，身体也变得僵硬，导致关节不能发挥自身的平衡功能。脚也会下意识地更用力，累得全身冒汗。

这样更轻松！

脚先着地，重心从后向前转移

1 调整基本姿势，头部自然地与坐骨保持在一条直线上

2 脚着地后转移身体重心

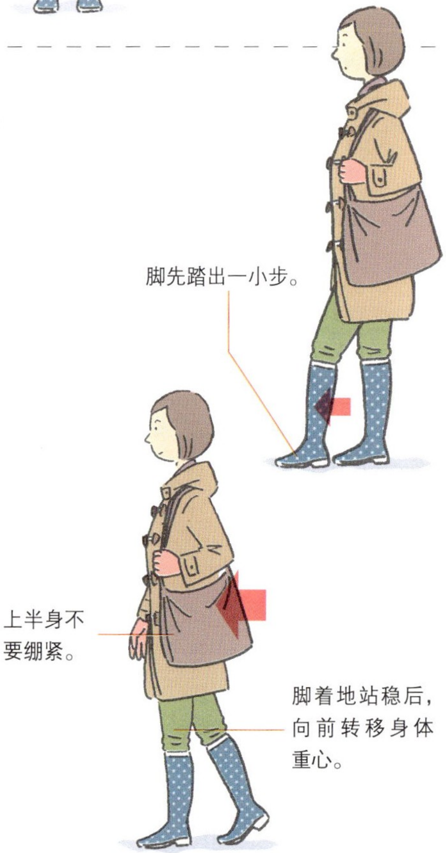

注意事项

耸肩缩颈的姿势，会影响身体的平衡能力，所以首先请先将头部与坐骨自然地保持在一条直线上。如果前脚还未着地，身体重心就从后向前转移，会很容易滑倒，因此请在脚着地后再转移重心。记住，身体一定要放松。

为什么一看到下雪就心慌？

近年来，随着日本中部、南部城市降雪增多，经常有人在路上滑倒，或因扫雪而腰痛，有人甚至一看到下雪就感到恐慌。而在多雪的高纬度地区，人们绝对不会陷入这样的困境。为什么在中南部城市会发生这样的问题呢？

也许有人会认为，是因为不习惯下雪。其实，根本原因在于没有学会在雪中使用身体的正确方法。

雪天气温低，因此人们常常会无意识地缩起脖子、耸起肩膀，上半身蜷缩起来，这会使身体不稳定。为了不滑倒，脚用力踩在地上，其实也不利于保持平衡。

如果和平常一样，用“大跨步、前脚脚后跟先着地、后脚向后抬起”的方式走路的话，也很容易摔倒。请记住，在雪地中走路的方式和平常不一样。小步前进，脚落在身体正下方，这种方式更容易保持平衡。

此外，许多人并不知道正确使用雪铲的方法。注意力全部集中在雪地上，头压得太低，会加重腰部负担，引发疼痛。正确的姿势和P98中讲到的“使用吸尘器”一样，双腿前后打开，前后转移身体重心，这样不会耗费过多体力。头部自然地与坐骨保持在一条直线上，微收下巴，这样不容易腰疼。

一走在雪地里就浑身紧张，身体缩在一起，这种不稳定的姿势才是恐慌产生的元凶。

第4章

让身体放下烦恼的“包袱”

只要改变“想法”就能解决身体的烦恼！

前文介绍了各种减少日常生活中疲劳感的方法。实际上，因固有观念产生的“无用功”，也会导致身体上的不适和烦恼。

除了**肩膀僵硬**、**头痛**等生理疼痛之外，还可能导致**烦躁**、**眼花**等情绪或是身体机能上的问题。

仅仅改变“想法”，真的有用吗？或许很多人都会产生这样的疑问。要知道，给肌肉下达命令的是大脑。“想法”就是大脑的动作，它会通过身体无意识的反映体现出来。

举个例子，肋骨和手臂之间其实只有肌肉。如果误以为肋骨和手臂之间是骨头，这种误解就会使得该部位变得僵硬，不能灵活运动，进而使肩膀僵硬，导致血流不畅、疼痛。

此外，很多人都以为，烦躁等心情问题和身体没有关系。实际上，**如果体态不好，头部处于不稳定状态，这种不稳定会反映在大脑中，使人心情烦躁。**

所以，想法和身体是密切相关的。改变想法，有助于缓解、消除身体上的不适。

“想法”上的偏差导致身体不适！

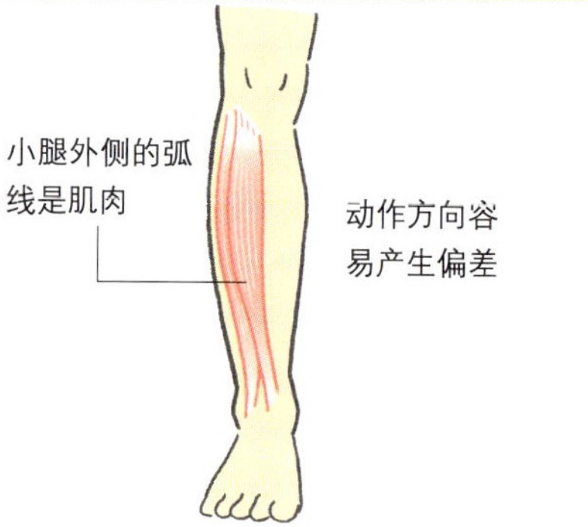

误把小腿肌肉的弧线当作骨头 → **扁平足**

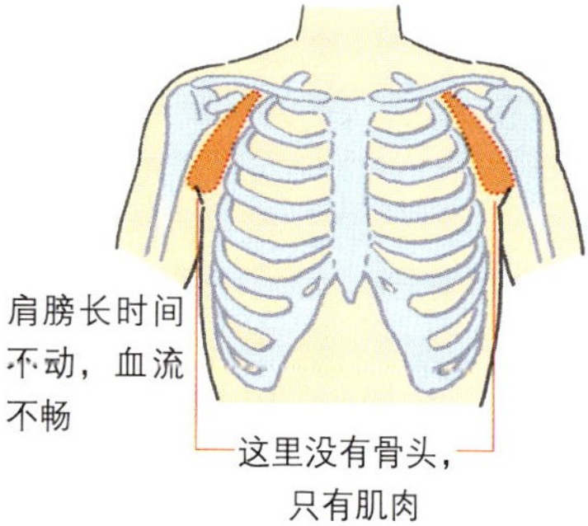

误以为这个部位有骨头 → **肩膀僵硬**

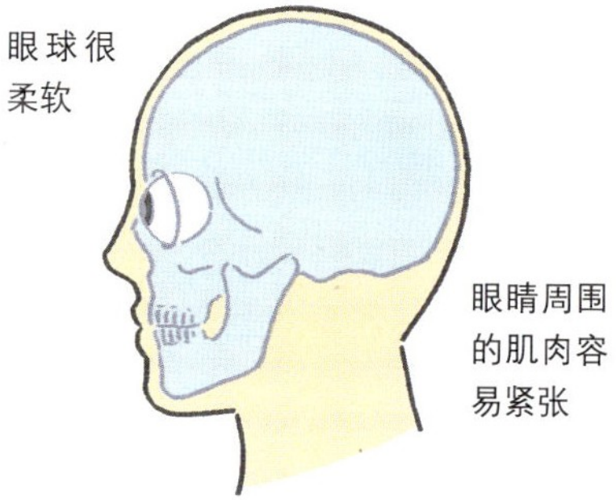

误以为眯起眼睛看得更清楚 → **眼花、看不清**

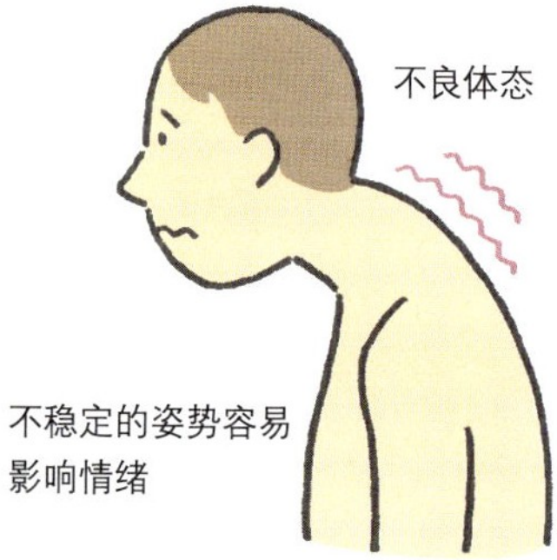

误以为情绪和体态没有关系 → **焦躁**

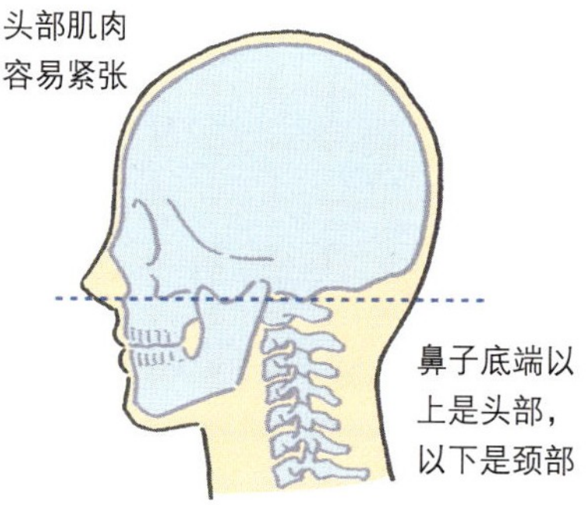

误以为下巴以上都是头部 → **头痛**

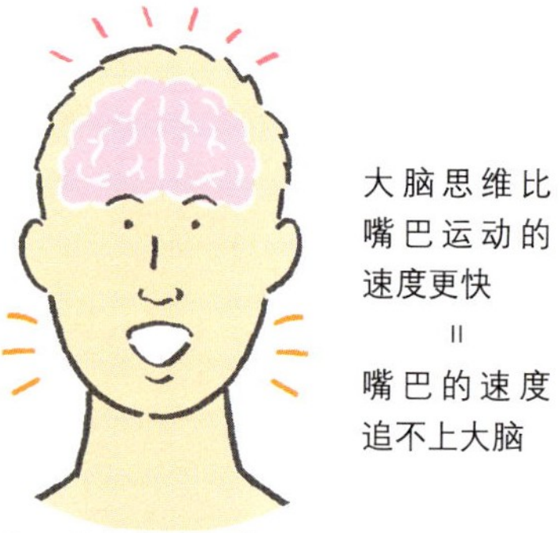

误以为思维的速度和嘴巴运动的速度一样快 → **说话磕巴**

解决各种身体不适！让身体放下烦恼的“包袱”

本书中将人们自身意识不到的肌肉紧张称为“无用功”。**这种“无用功”不仅会带来身体上的问题，也会带来心理上、情绪上的问题。**

本章中，除了缓解身体上的疼痛，还会涉及如何解决心理、情绪问题和身体不适。“无用功”为何会导致这些问题？消除“无用功”的具体方法是什么？本章将一一说明。

本书的主要目的是改变大家对身体的错误观念，以缓解身体不适。如果尝试一段时间后，并没有感受到效果，不适感没有任何缓解，请务必就医。

身体的各种烦恼

烦躁 ☞P140

没有朝气 ☞P150

失眠 ☞P152

怯场 ☞P156

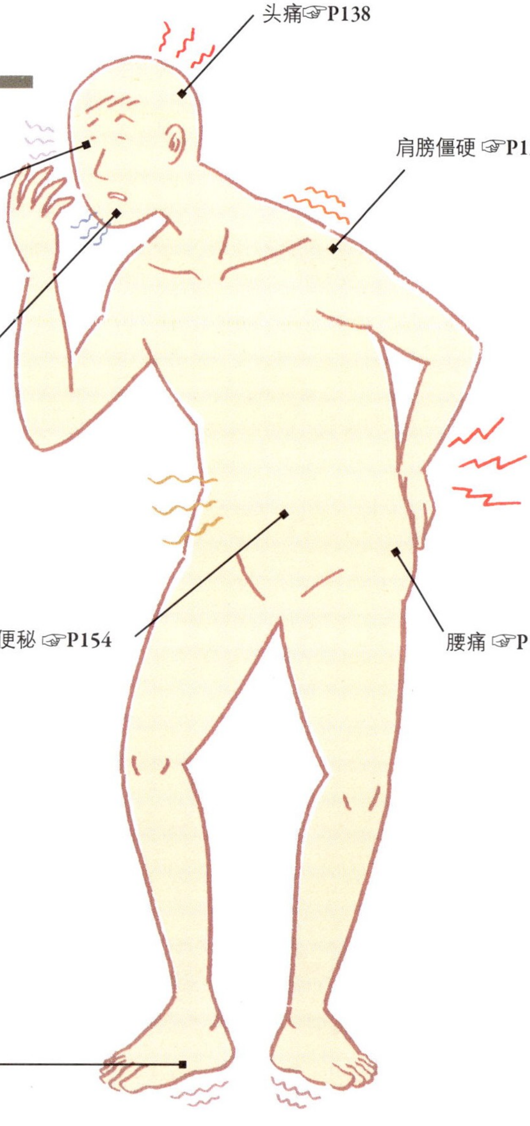

肩膀僵硬

多发于 长时间伏案工作，总是玩手机

肩膀像石头一样硬邦邦……

每天长时间伏案工作，肩膀周围的肌肉得不到运动，容易血流不畅。此外，含胸驼背的姿势也容易拉扯背部肌肉，造成肌肉紧张。

这样更轻松！

打开胸腔，活动肩膀周围的肌肉

1 头部自然地与坐骨保持在一条直线上

2 手指滑过肋骨，打开胸腔

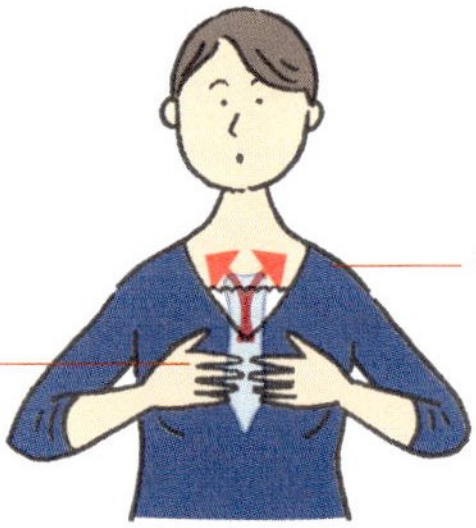

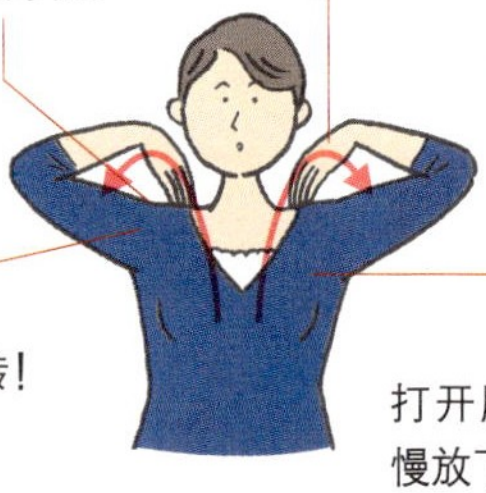

注意事项

首先，头部与坐骨自然地保持在一条直线上。记住，肩膀、手臂和肩胛骨的活动范围比你想象的更大。打开胸部，以胸骨为中心，肩膀和手臂在空中画圆。这样可以舒展肌肉，有助于血液循环。

腰痛

多发于 久站工作、驼背或盆骨前倾的人

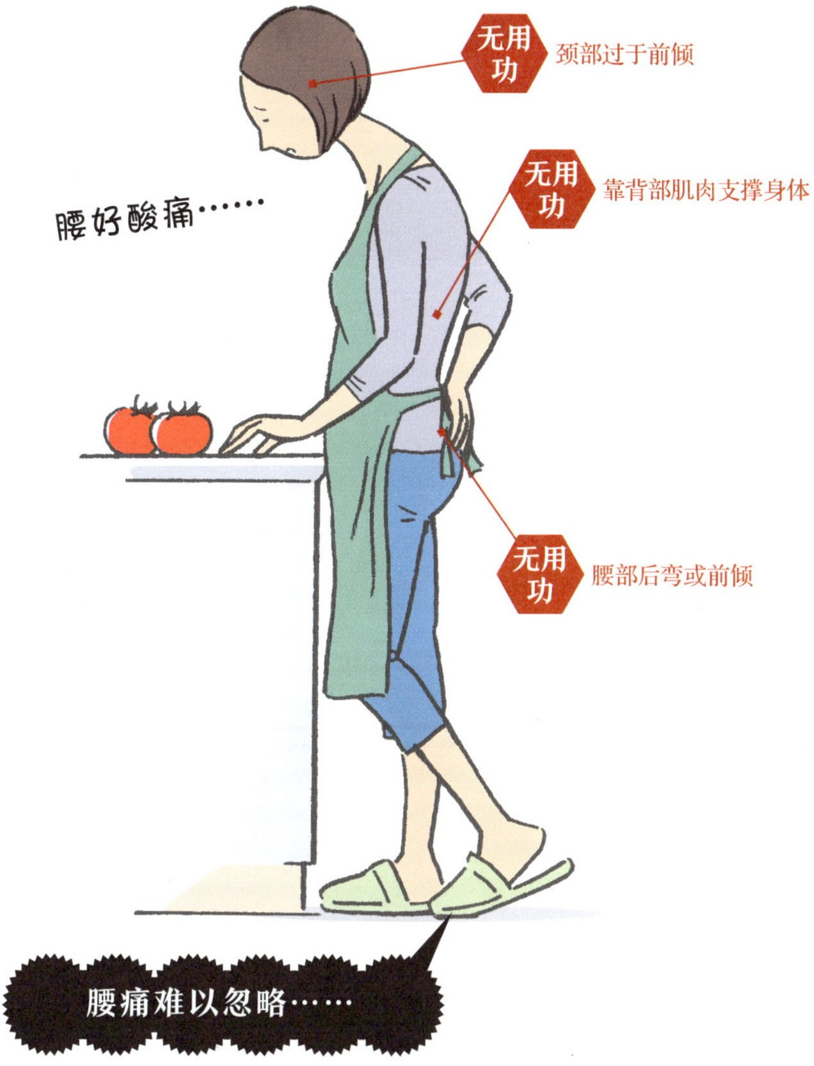

不管做什么，总感觉腰疼……“腰就是用来弯的”“脊柱位于背部”，这些想法会使背部肌肉紧张，柔韧的腰部也会因为总是弯着而疲劳。

这样更轻松！

别弯腰，“弯”臀部！

1 头部自然地与坐骨保持在一条直线上

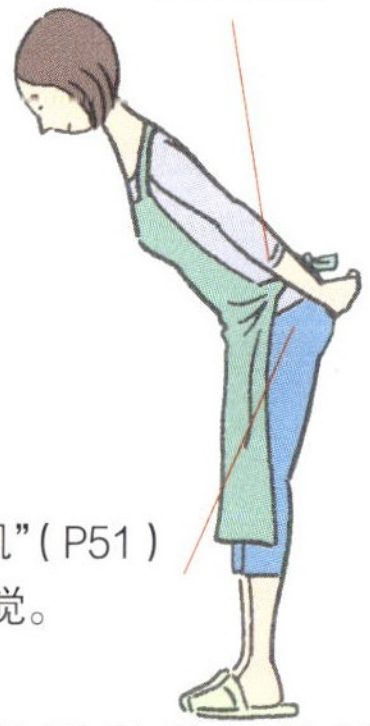

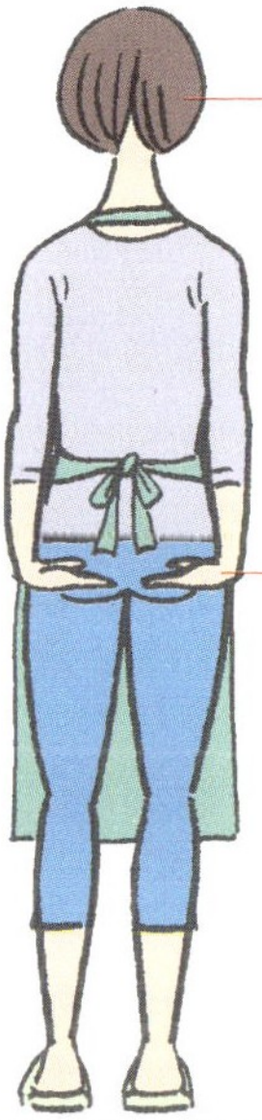

2 拉伸脊柱

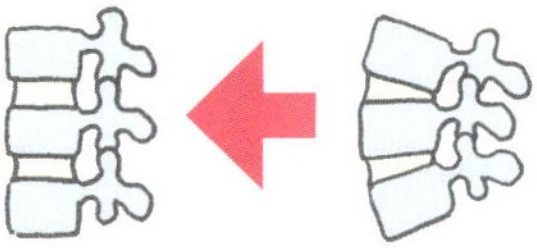

拉伸挤在一起的脊椎骨！

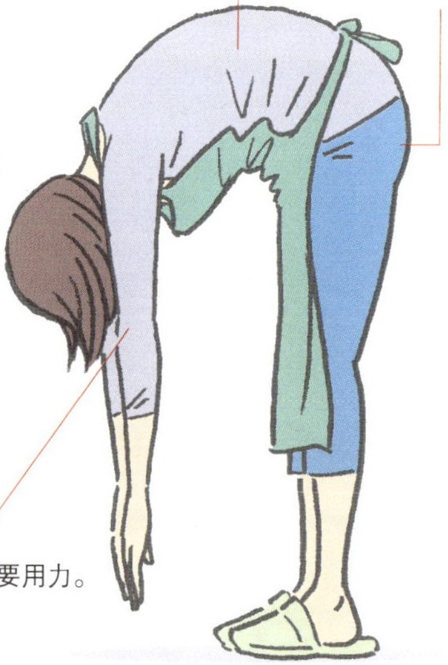

注意事项

头部自然地与坐骨保持在一条直线上，双手放在“红唇肌”上，提醒自己：“这里才是应该弯曲的部位。”手臂、头部的重量和紧张的背部肌肉会使脊椎骨缩在一起，因此请注意拉伸脊柱。

头痛

多发于　长时间伏案工作；长时间盯着电脑屏幕

头太疼了，无法集中精力……

经常头痛的人，颈部和头部的肌肉一般都很紧绷。在忍受疼痛的时候，后颈、后背部、太阳穴、下巴及其周围的肌肉会变得更加僵硬，导致血流不畅。低着头则会加重脖子的负担，使这里的肌肉更加紧张。

这样更轻松！

在脑海中想象头部的范围，有助于缓解紧张！

1 头部自然地与坐骨保持在一条直线上

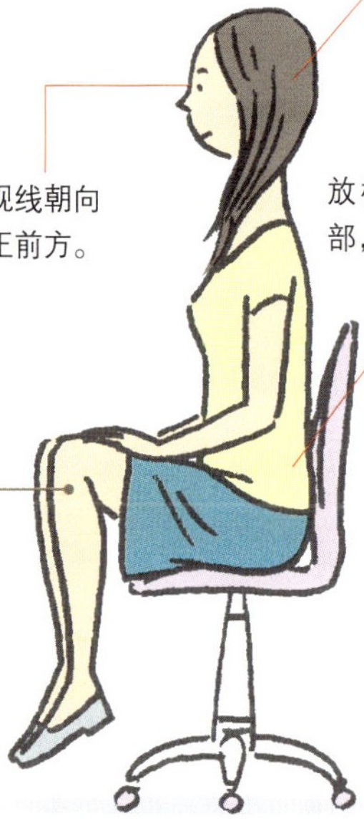

试着抬起双腿

如果身体没有坐正，是无法抬起双腿的。

2 想象头部侧面的宽度

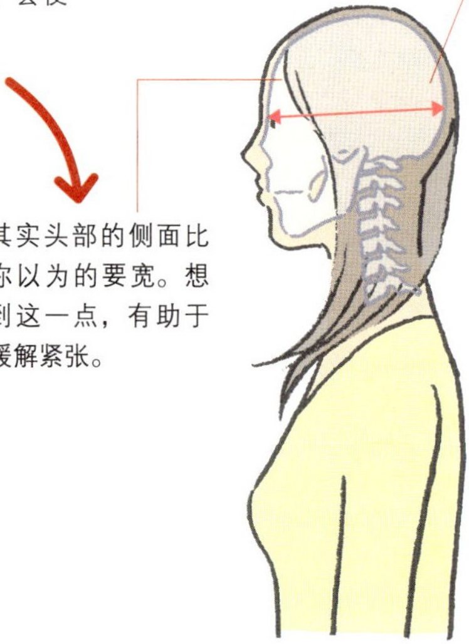

注意事项

首先，为了减少头部重量给身体带来的负担，使头部与坐骨自然地保持在一条直线上。头部的肌肉缩在一起，会加重紧张。因此，请想象头部侧面的宽度，头部的纵深比你以为的要更宽，这种正确的认知能够缓解紧张，减少对肌肉的压迫。

烦躁

多发于 别人的行为不合心意时；经历失败时

因为小事忍不住发火……

总是因为一点小事就发火。人们一般会认为这是心理问题，其实，有时是肌肉紧张造成的。头部的姿势如果不稳定，支撑它的肌肉就会变得紧张，心里也会更加紧张。同时，还会导致呼吸变浅、心率提高，造成恶性循环。

这样更轻松！调整头部的位置，一边数数一边深呼吸！

1 头部自然地与坐骨保持在一条直线上

2 一边从 1 数到 4，一边用鼻子吸气；然后再从 1 数到 4，用鼻子呼气

注意事项

首先，头部与坐骨保持在一条直线上，这样可以使头部的位置更加稳定，缓解全身的紧张。浅呼吸时，神经会更加兴奋，因此，请一边慢慢地从 1 数到 4，一边用鼻子深呼吸，让肺部吸满空气，胀大到背部。这样有利于平复心情。

说话声音小

多发于 平时话少、性格内向、缺乏自信的人

别人经常让我再复述一遍……

说话声音小的人，为了让别人听清，身体常常会向前倾。以为肺部只有拳头大小，这种错误的想法会使吸入、呼出的空气量变小。姿势歪歪扭扭，声音就容易困在喉咙里，传不远。

这样更轻松！

改变对肺部的认识，才能提高音量！

1 肺能够扩大到后背一侧

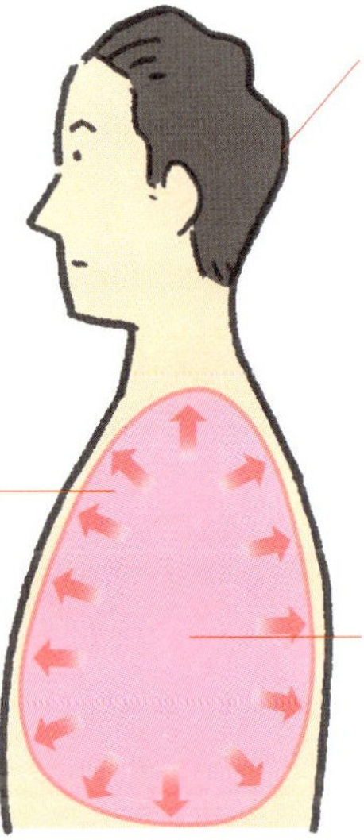

2 将自己的身体想象成一个起跑器

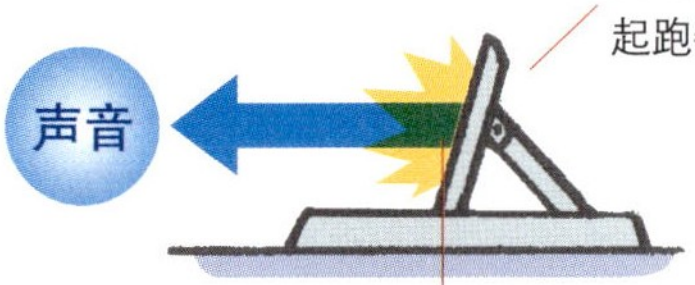

注意事项

首先，头部自然地与坐骨保持在一条直线上。记住，肺能够一直扩大到后背侧，这种意识可以增加呼出的气体量。声音本身就是向前方传播的。因此，将自己的身体想象成一个起跑器，用身体“助跑”，声音就能向前“冲”得更远！

眼花

多发于 快到老花眼的年龄的人；经常伏案工作的人

年纪越大，眼也越花……

看不清的时候，人会无意识地眯起眼睛，注意力也全部集中在要看的东西上。这会使眼周肌肉紧张，反而更不容易看清。此外，精力越集中，视野越狭窄，不利于发挥眼睛原本的功能。

这样更轻松!

打开胸部，放宽视野！

1 调整基本姿势，打开胸部

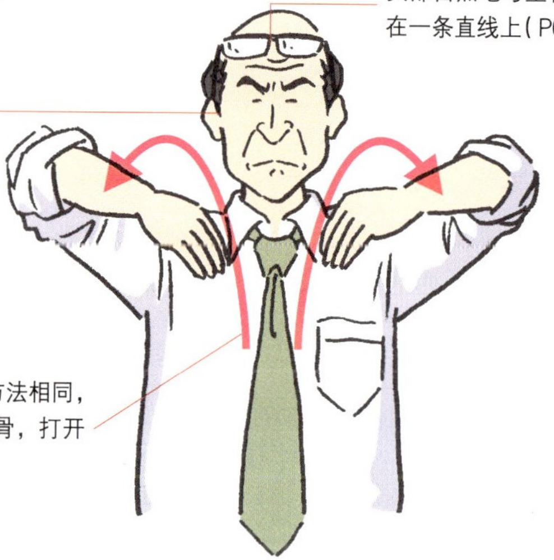

2 将手指放在耳侧，看文字时，让手指也处于视野范围内

注意事项

眼球是非常柔软的。眯着眼睛、过于用力，会改变眼球的形状，反而看不清楚。稍加活动，打开胸部，这样可以放松眼周及头部肌肉。拓宽视野，也有助于发挥眼睛的功能。

扁平足

多发于 O 形腿等

扁平足不是天生的吗？

O形腿常常伴随着扁平足，这是髋关节到脚踝的关节运动方式错误造成的。膝盖和脚尖朝外，使身体重量集中在脚内侧，破坏了足弓的弧形。

这样更轻松！

正确认识腿部构造

1 重新认识腿部骨骼

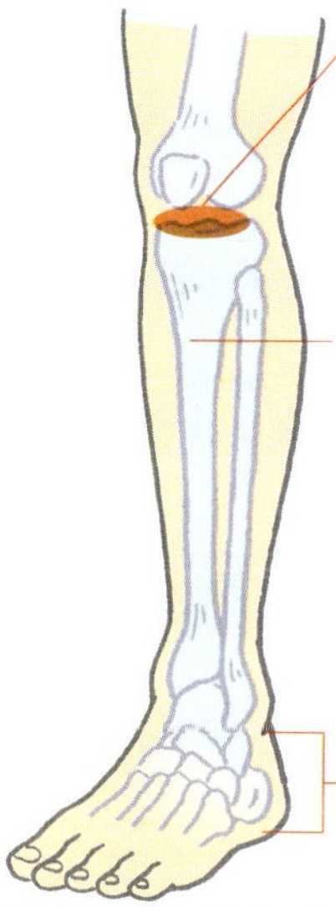

2 记住，双腿是靠左右两脚共同支撑的

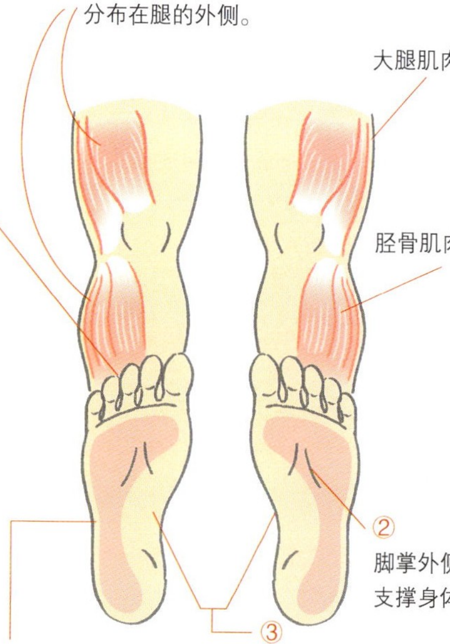

注意事项

不要强行改变自己的走路姿势，这样可能会给身体增添额外的负担。请先在脑海中想象腿部的正确结构。正确理解骨骼的构造，记住，“双腿是由左右两脚共同支撑的”。脚掌外侧起支撑作用，施加在脚掌内侧的力则由另一只脚承担。

说话不流利

多发于 急性子、自我意识过强、发音不清楚的人

自说自话，反而容易结巴

以为说话的速度和思考的速度同步，因此想要说得很快，反而造成结巴。“害怕沉默”“不看对方的反应”等想法也会造成结巴。

这样更轻松！

头部自然地与坐骨保持在一条直线上！说话时注意节奏！

1 头部自然地与坐骨保持在一条直线上

2 通过鼻子呼吸空一拍，给对方留出消化信息的时间

注意事项

会话是与对方交流的过程。首先，头部与坐骨自然地保持在一条直线上，摆出倾听的姿态。请记住，嘴的速度远远跟不上脑子，因此语速要保持平缓。通过鼻呼吸在句子与句子之间空一拍，给对方创造消化信息的时间。

没有朝气

多发于 消极、怕麻烦、容易想太多的人

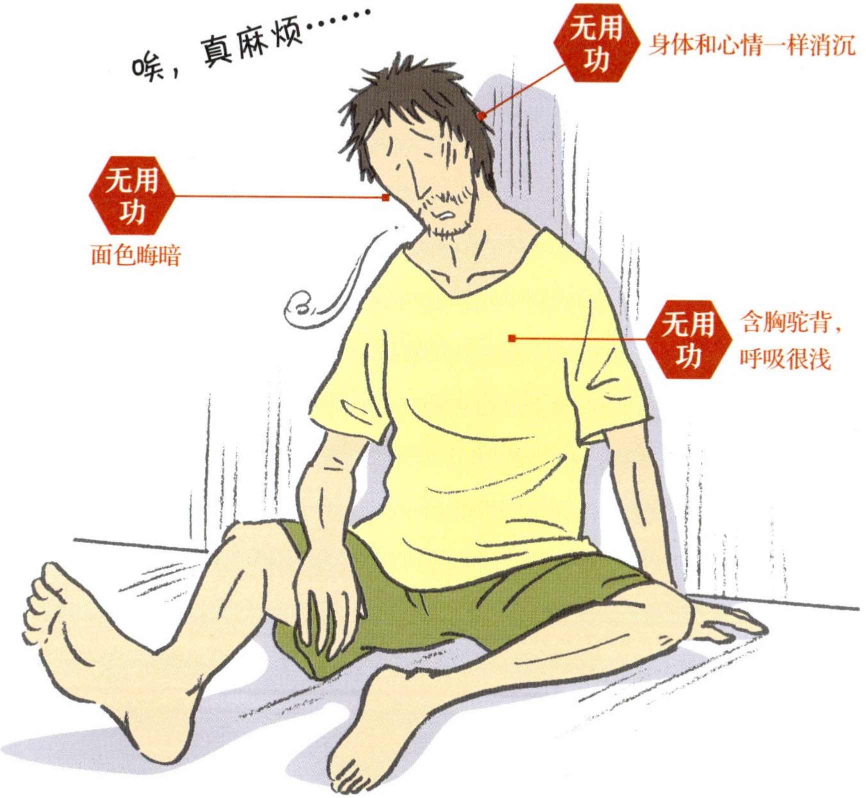

怎么也提不起劲儿来……

心理状态深深地影响着身体状态。心情低落的时候，人常常会含胸驼背，呼吸变浅，垂头丧气。这种姿势会使头部的位置变得不稳定，影响大脑的正常思考。面色晦暗也会给神经系统带来负面影响。

这样更轻松！

将注意力集中在身体构造上，笑一笑！

1 调整基本姿势

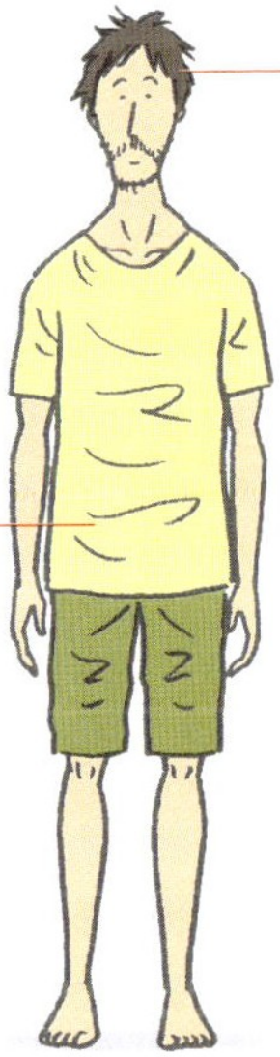

2 即使不开心，也要笑一笑！

强颜欢笑也没关系！

↓

这样有助于调节植物神经

注意事项

头部自然地与坐骨保持在一条直线上，能够减少大脑的不稳定感。通过鼻呼吸平复心情，即使心情低落，也请努力展露笑颜。没有朝气是植物神经混乱的一种表现。笑一笑，有助于调节植物神经，给心理带来积极影响。

失眠

多发于 工作不规律、爱担心、抗压能力弱的人

就这么睁着眼睛到天亮吗……

如果身体很紧张，越想睡着越容易睡不着。特别是心里不安、有操心事的时候，身体很难放松，大脑也难以平静。这种状态下，无法舒服地睡个好觉。

这样更轻松！

将注意力集中在身体上，可以缓解紧张！

1 平躺，然后在大脑中回想四个基本点

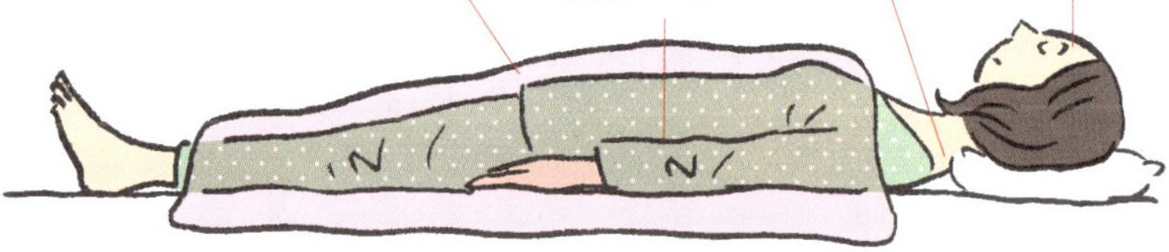

在回想的过程中，心情会慢慢平复下来！

2 通过鼻呼吸，将空气吸入背部

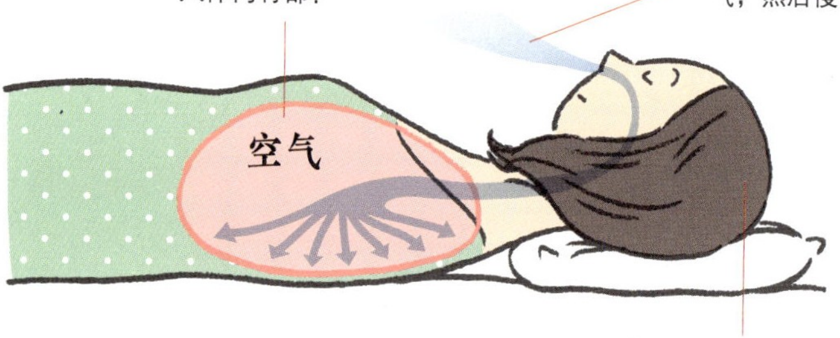

通过呼吸使大脑冷静下来。

注意事项

内心不安的时候，身体容易紧张、不由自主蜷缩起来。首先，请平躺在床上，在脑海中一一回想头部、颈骨、脊柱、坐骨的几个基本要点。然后，用鼻子慢慢呼吸，想象空气一直进入背部。这样有助于放松身体。

便秘

多发于 经常减肥、压力大、偏食的人

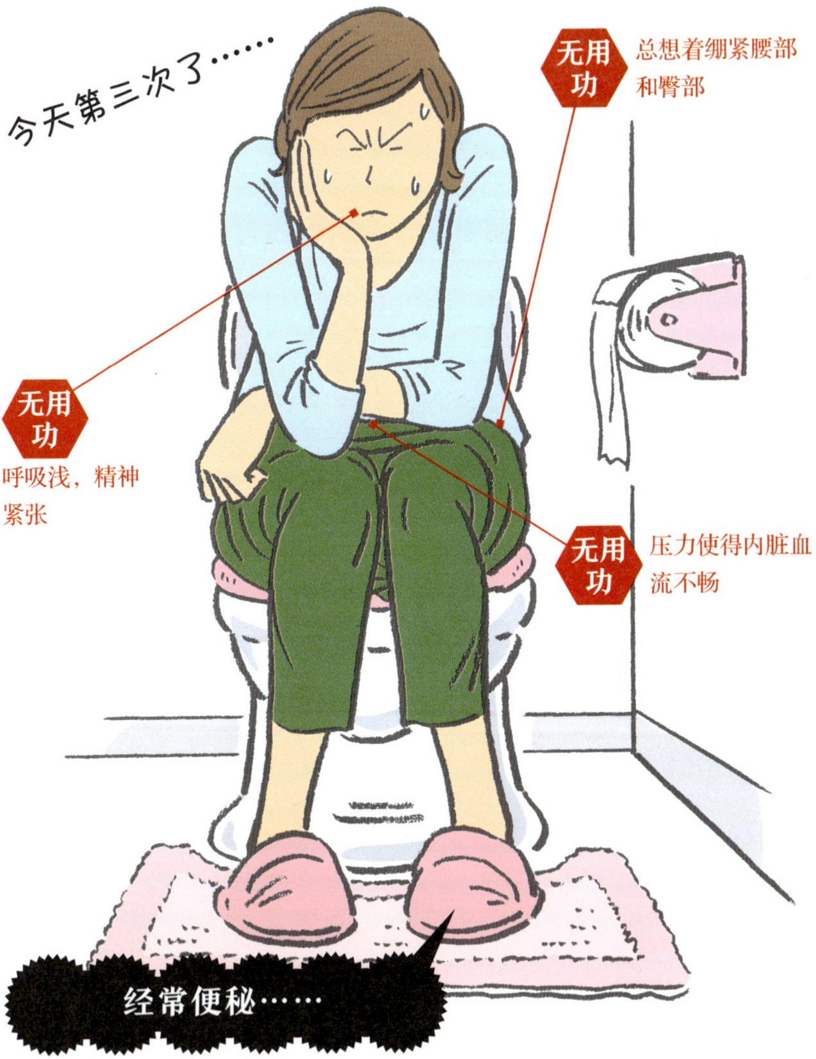

注意力集中在腰部、臀部时，周围的肌肉会不自觉地紧张起来，造成肠胃蠕动慢、血流不畅，进而导致便秘。此外，这种状态下，呼吸容易变浅，神经系统更加活跃，也会使肠胃功能进一步下降。

这样更轻松！

想象骨盆内部充满内脏的画面，深呼吸！

1 骨盆内也有内脏

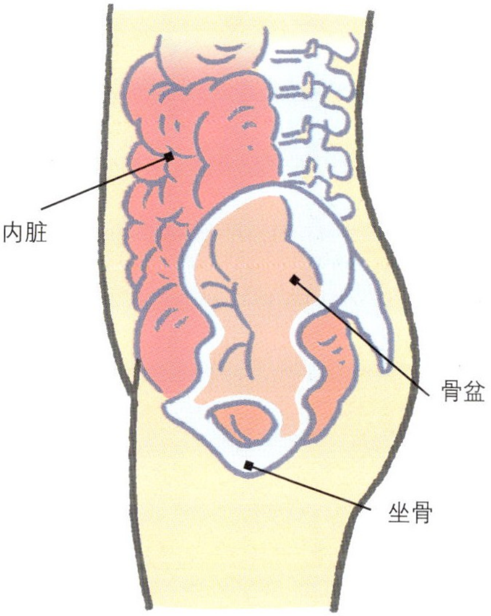

记住，骨盆内部充满内脏！

2 将整个身体想象成一个巨大的泵，深呼吸

将身体想象成一个泵，深呼吸。

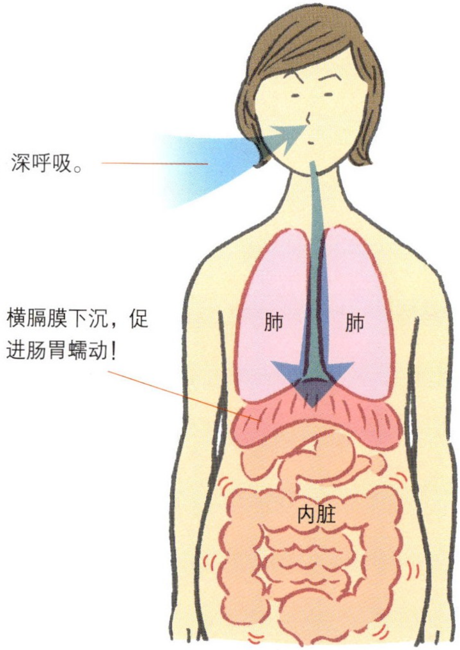

注意事项

如果刻意想要绷紧腰部和骨盆，会妨碍胃肠蠕动。记住，骨盆内部装满内脏，这种意识有助于放松绷紧的肌肉。将整个身体想象成一个巨大的泵，深呼吸，让横膈膜下沉，这样能够促进肠胃蠕动。

怯场

多发于 缺乏自信时，准备不充分时，想法消极时

一紧张大脑就一片空白……

血液集中在大脑，脑内超负荷，容易引起心理恐慌。不仅是思考，呼吸、视觉、听觉等意识都集中在颈部以上，使得颈部、肩部、背部的肌肉都无意识地向上绷紧。

这样更轻松!

让身心都向下沉!

1 调整基本姿势，注意力放到坐骨上

2 向外、向下拉扯耳垂

这样能够缓解嘴部、颈部周围肌肉的紧张!

注意事项

头部自然地与坐骨保持在一条直线上，将集中在头部的注意力转移到下半身。向外、向下拉扯耳垂，缓解肌肉的紧张。这样，嘴部和颈部的肌肉可以得到放松，喉咙也不会再发紧，发出的声音会更加清晰。

后 记

希望本书能帮助各位读者放松身体、减少疲劳，为生活增添一点点幸福感。

怀着“想要改变自己”的想法，我成为一名“亚历山大技巧”的教练。

朋友在接受了“亚历山大技巧”的课程后，体态变得又自然又健康，因此我也产生了去上课的想法。那时，日本还没有这方面的专业教练，因此我报名参加了由国外优秀专业教师授课的教练培训班，成为他们的第二批学员。

结业后，我成为一名职业教练，开始在日本国内授课。2011年日本大地震发生后，我也曾在全国各地避难所的体育馆中向大家传授这些技巧。由于震后的条件受限，受灾者生活十分辛苦，不过，经过短短的几节课程，他们苍白的面庞透出了红润，脸上也有了笑容。每当他们高兴地向我道谢时，我都深深地感到，自己的工作很有意义。

从京都、大阪，到日本各地，我已经为一万多名学员上过课，了解了他们的身体烦恼。我通过亲身示范，帮助大家改变固有观念，掌握使用身体的正确方法。和我一样，很多人曾经为如何改变自己而感到苦恼，通过这些课程，他们心理和身体上的问题得到了改善，我见证了大家在此期间的痛苦与快乐，也看到了他们焕然一新的面貌。

我想通过这本书告诉大家，许多让你感到疲劳的身体问题，是有办法解决的。“亚历山大技巧”就是一种解决方案。感谢池田书店的高桥隆太先生和KWC公司的千叶庆博先生，在他们的帮助下，我的想法得以实现。

我们通常不会留意日常生活中，自己每天都会重复进行的活动。但这其中的一些基本元素，会给我们的身体带来深入、强烈的影响。希望本书能帮助大家缓解一些已经习以为常的疼痛和疲劳感。

人类身体的潜力是巨大的。

祝大家身体健康、生活幸福！

亚历山大技巧 Aru Quality Pro 代表

木野村朱美

First published in Japan in 2018 by IKEDA Publishing Co., Ltd.
Simplified Chinese translation rights arranged with PHP Institute, Inc.
through NIPPAN IPS Co., Ltd.

本书由日本株式会社 PHP 研究所授权北京书中缘图书有限公司出品并由河北科学技术出版社在中国范围内独家出版本书中文简体字版本。
著作权合同登记号：冀图登字 03-2020-109

图书在版编目（CIP）数据

姿势决定健康 /（日）木野村朱美著 ;（日）中村知史绘 ; 李家祺译 .-- 石家庄 : 河北科学技术出版社，2021.8
ISBN 978-7-5717-0926-6

Ⅰ . ①姿… Ⅱ . ①木… ②中… ③李… Ⅲ . ①体育保健学—基本知识 Ⅳ . ① G804.3

中国版本图书馆 CIP 数据核字 (2021) 第 175194 号

姿势决定健康

［日］木野村朱美　著　［日］中村知史　绘　李家祺　译

策划制作：北京书锦缘咨询有限公司（www.booklink.com.cn）
总 策 划：陈　庆
策　　划：姚　兰
责任编辑：刘建鑫　原　芳
设计制作：刘岩松

出版发行　河北科学技术出版社
地　　址　石家庄市友谊北大街 330 号（邮编：050061）
印　　刷　北京世汉凌云印刷有限公司
经　　销　全国新华书店
成品尺寸　142mm × 210mm
印　　张　5
字　　数　48 千字
版　　次　2021 年 8 月第 1 版
　　　　　2021 年 8 月第 1 次印刷
定　　价　58.00 元